Madame SUZANNE FOCCART

PRÉSIDENTE
DE L'ASSOCIATION DES DAMES DE SAINTE-THÉRÈSE

Marie Enfant

ou

la Santissima Bambina

TOURS
MAISON ALFRED MAME ET FILS
IMPRIMEURS

1910

MARIE ENFANT

OU

LA SANTISSIMA BAMBINA

NAISSANCE DE LA SAINTE VIERGE

Votre naissance, ô Vierge Bénie, a apporté la joie au monde : car c'est de vous qu'est né le CHRIST notre Dieu... qui a vaincu la mort et nous a donné une vie immortelle (in off. Eccl.).

Madame SUZANNE FOCCART

PRÉSIDENTE
DE L'ASSOCIATION DES DAMES DE SAINTE-THÉRÈSE

Marie Enfant

OU

la Santissima Bambina

TOURS
MAISON ALFRED MAME ET FILS
IMPRIMEURS

1910

EXPOSÉ DU BUT DE CET OPUSCULE

Depuis une vingtaine d'années, la dévotion à la sainte Enfance de Marie a pris un merveilleux essor. Beaucoup d'âmes, éprises des ineffables vertus de la Vierge petite enfant et de ses incomparables grandeurs, se sont attachées à ce berceau, qui portait de si hautes destinées. Et lorsque tant d'esprits se lassent des plus attrayantes visions offertes par les créations si variées du génie humain, ou par les plus grandioses tableaux de la nature, ces âmes d'élite demeurent, sans jamais s'en rassasier, sous le charme si captivant de cette fleur céleste qu'est Marie Enfant. Oui, Marie Enfant est bien la véritable rose mystique, dont la vivifiante contemplation favorise d'une façon si puissante l'avènement dans les cœurs du règne de Notre-Seigneur Jésus-Christ.

Or, comment regarder Marie sans l'aimer? comment l'aimer sans vouloir la louer, la chanter et l'imiter?

On nous a demandé de faire éditer, en faveur de ces pieux amis de la *Santissima Bambina*, un recueil de prières et de louanges, dont le plus bel ornement serait l'Office de la sainte Enfance de Marie, composé par le bienheureux Jean Eudes. On nous a, de plus, manifesté le désir que ce recueil fût précédé de quelques chapitres destinés à faire connaître, dans la mesure du possible, l'essence d'une dévotion si attrayante, son utilité, sa sublimité et les grâces qui en découlent.

Les dignes fils du bienheureux Eudes ont bien voulu nous prêter leur précieux concours. Celui-là même qui publie actuellement les œuvres de leur saint fondateur nous a remis, pour nous guider, le volume intitulé : l'*Enfance admirable de la très sainte Mère de Dieu*. A notre grand regret et au sien, il n'avait pas la possibilité matérielle de s'occuper personnellement de ce travail ; il nous a donc autorisé à résumer nous-même la suave doctrine du Bienheureux.

Cette tâche, si douce et si noble, nous venons de la remplir, avec les sentiments de la plus tendre dévotion envers Marie Enfant.

Notre petit livre se divise en deux parties :

La première traite de l'Enfance admirable de Marie.

Tout d'abord, en trois chapitres, nous avons suivi pas à pas les enseignements du bienheureux Jean Eudes. A peine avons-nous quelque peu modernisé son style. Ce nous est une joie de laisser au bienheureux auteur tout l'honneur d'avoir été le premier à parler de la sainte Enfance de la Reine du ciel.

En quittant cette intéressante étude, nous avons glané quelques pensées dans les lettres du vénéré Monsieur Olier. Ses pages édifiantes sur Marie Enfant sont, comme chez le Père Eudes, une gloire ajoutée à son œuvre apostolique de la réforme des séminaires.

D'autres saints personnages, groupés autour de ces deux gloires du XVIIe siècle, nous apportent aussi leurs notes touchantes sur ce doux mystère. Cet ensemble forme le chapitre IV de cette première partie, que nous terminons par l'exposé court et fidèle des progrès de la dévotion à Marie Enfant aux XIXe et XXe siècles.

Des auteurs de grand talent ont, à notre époque, condensé en des pages éloquentes les lumineux enseignements des Pères de l'Église sur la sainte Mère de Dieu; nous leur empruntons leurs propres accents en ce qui concerne les mystères de sa sainte Enfance, pour les offrir, comme un précieux joyau en un modeste écrin, à la piété aimante des fidèles de Marie Enfant.

La seconde partie comprend le petit Office de la sainte Enfance de Marie, des hymnes recueillies dans la liturgie ancienne, des neuvaines, des litanies, des prières, etc.

En appendice, nous avons ajouté quelques pages sur l'Immaculée Conception.

Puisse ce manuel, placé sous le regard paternel et la plume savante et fine du vénéré successeur de saint Martin, Mgr Renou, archevêque de Tours, notre métropolitain, inspirer aux âmes un amour spécial de la très sainte Vierge Enfant et l'imitation de ses admirables vertus!

En la fête de l'Immaculée Conception,
8 décembre 1909.

SUZANNE FOCCART,

Présidente de l'Association des Dames
de Sainte-Thérèse.

Tours, le 15 mai 1910.

Fête de la Pentecôte.

Madame et chère fille,

Le gracieux ouvrage que vous venez de composer à la gloire de la très sainte Vierge Marie accuse de longues recherches, — recherches qui vont éclairer d'un jour nouveau, ou du moins mettre davantage en lumière l'angélique figure de la Vierge Enfant.

Soyez-en cordialement félicitée, Madame; — de Marie, la très sainte Mère de Jésus, on ne saurait jamais en dire assez : de Maria nunquam satis.

Que mes vœux se réalisent, Madame et chère fille, et cet ouvrage ne manquera pas d'imprimer à la dévotion envers Marie Enfant une nouvelle impulsion.

Au risque de me répéter, laissez-moi encore vous dire que si la sainte Vierge vous bénit d'une façon proportionnée à mes désirs, vous n'aurez pas à vous plaindre du sort qui vous sera fait.

Je suis tout vôtre, ma chère fille, en notre divin Maître.

† René-François,

Archev. de Tours.

Tours, le 15 décembre 1909.

Monseigneur,

L'ouvrage que Votre Grandeur m'a donné à examiner est destiné à faire connaître et à propager la dévotion à la sainte Enfance de Marie, qui, depuis un certain nombre d'années, tend à se répandre de plus en plus parmi les fidèles, et que le Pape Léon XIII a tout spécialement encouragée. Ce travail se divise en deux parties : la première contient un résumé du grand ouvrage du Père Eudes : *Enfance admirable de la très sainte Mère de Dieu;* la seconde est un recueil de prières, neuvaines, litanies, qui accompagnent *le Petit Office* de la sainte Enfance de Marie, composé par le Père Eudes.

Les écrits du Vénérable Jean Eudes ayant été soumis à la Sacrée Congrégation des Rites et ayant reçu l'approbation du Saint-Siège (7 décembre 1878), la tâche de l'examinateur se trouve par cela même singulièrement facilitée. Il suffit, en effet, de s'assurer que l'auteur ne s'est pas écarté de la doctrine du Père Eudes, et a fidèlement reproduit ses enseignements; c'est ce dont j'ai pu me convaincre en comparant avec le texte du Père Eudes le résumé qui forme la première partie de l'ouvrage. L'auteur, ainsi qu'il le dit dans son avant-propos, a suivi pas à pas le Père Eudes dans ses pieuses considérations, et lui a emprunté jusqu'à ses propres expressions.

Ces pages consacrées à la sainte Enfance de Marie sont très surnaturelles et très édifiantes. Sous le rapport historique, l'auteur a fait de larges emprunts à de pieuses traditions qui datent des premiers siècles de l'Église; ce n'est pas une œuvre de critique, mais une œuvre d'édification. Sous le rapport doctrinal, toutes les vertus de Marie Enfant se déduisent de l'incomparable privilège de son immaculée Conception et de sa Maternité divine. Le Père Eudes a su admirablement mettre en relief toutes les perfections de Marie, écoulement surnaturel de son ineffable sainteté, et l'auteur a eu le mérite de condenser dans un résumé très fidèle cette belle et touchante doctrine.

Quelques pages sur l'histoire du culte de Marie Enfant complètent cette première partie.

La seconde partie, comme je l'ai dit, est un recueil de prières qui encadrent le *Petit Office* composé par le Père Eudes. Ces prières sont déjà approuvées par l'autorité diocésaine.

L'auteur a terminé son travail par une étude sur l'immaculée Conception, considérée au triple point de vue de l'Écriture, de la tradition et de l'histoire. Ce pieux supplément couronne très heureusement un ouvrage destiné à glorifier la sainte Enfance de la bienheureuse Vierge Marie.

Rien ne me paraît mettre obstacle à la publication de ce travail, qui aura l'heureux effet de répandre parmi les fidèles la dévotion à l'Enfance admirable de la Mère de Dieu, et de leur apprendre à vénérer le berceau de Marie comme ils vénèrent la crèche de Bethléem.

Daignez agréer, Monseigneur, l'hommage du profond respect avec lequel j'ai l'honneur d'être, de Votre Grandeur, le très humble et très obéissant serviteur,

J. DE BELLUNE,

Chanoine.

MADAME,

Ce n'est pas sans un vif plaisir et un sentiment de profonde piété que j'ai lu les bonnes feuilles de votre ouvrage : *Marie Enfant*.

Le bienheureux Père Eudes, le premier, s'est fait le théologien et l'apôtre de la dévotion à Marie Enfant. Mais ses thèses si admirables, ses conseils, ses exercices religieux n'ont guère franchi l'enceinte de sa Congrégation. Ils sont restés à l'état théorique, sans grande influence sur le mouvement des idées contemporaines.

Vous reprenez sa doctrine, vous la développez, vous la complétez et l'exposez en un bel opuscule de 240 pages, aussi gracieux par le format et les caractères qu'il est riche dans le fond de pensées et de sentiments.

Cette doctrine, vous la rendez accessible, disons mieux, vous l'incarnez dans une personnalité aimable et touchante, celle d'une petite enfant au berceau.

Mais cette enfant surpasse toutes les princesses par ses origines, son rang, ses privilèges, sa conception immaculée.

Elle est plus belle que les anges, dont elle est la reine; elle est plus admirable que toutes les autres créatures réunies, parce qu'elle est sans tache, sans défaut, et possède la plénitude de la grâce.

* * *

Le dogme marial est immuable en lui-même, depuis que la Mère de Dieu a réalisé sa mission dans le plan de l'adorable Trinité et terminé sa carrière ici-bas.

Mais la connaissance ou mieux la conscience que les âmes chrétiennes en ont évolue à travers les âges. L'Église se préoccupa d'abord de fêter l'Assomption de Marie, d'affirmer et de défendre sa maternité divine et d'honorer son titre de Reine des apôtres, des martyrs et des vierges, comme le montrent les peintures et les graphiques des catacombes.

A l'époque des grandes luttes contre l'Islam et des débordements populaires, inhérents aux expéditions lointaines, comme furent les croisades, on invoqua surtout la sainte Vierge, secours des chrétiens et refuge des pécheurs.

Au siècle dernier, son immaculée Conception a été définie et proclamée; elle est de plus en plus glorifiée à Lourdes. L'une des conséquences de cette définition est que Marie doit être honorée, dès le premier instant de son existence, comme une créature à part, dont la merveilleuse enfance surpasse en perfections et en mérites les vertus et les qualités de tous les saints. Nous devons avoir en vénération les jeunes années de la sainte Vierge et les entourer d'un culte spécial avec une tendresse jalouse. Car seule elle possède cet avantage d'être, dès le premier jour de son existence, un pur rayon de la splendeur de Dieu, un océan de grâce et de miséricorde.

Votre livre, Madame, répond à cette évolution du culte marial. Il ouvre un champ nouveau à la piété des fidèles. Marie Enfant apparaît comme le modèle et la protectrice de toutes ces jeunes âmes que la libre pensée voudrait soustraire aux surnaturelles clartés de l'Évangile.

Vous étudiez le mystère de la sainte Enfance de Marie dans son origine, dans son corps, dans son âme; vous exposez les incomparables vertus qui l'imposent à l'admiration des anges et des hommes. Enfin vous rappelez les sentiments qu'elles ont fait naître dans les cœurs des saints personnages.

Cette partie doctrinale terminée, vous passez logiquement aux moyens que nous avons d'honorer Marie Enfant.

Qu'elles sont belles et attirantes ces prières, ces neuvaines, cet office, dont vous donnez la formule, d'après la pratique des saints et les usages de l'Église !

Je ne saurais trop louer vos considérations théologiques et vos extraits des Pères, si bien adaptés à votre sujet. Votre thèse de l'Immaculée Conception, donnée en appendice, est digne d'un docteur.

Tout cela est présenté avec un style clair, facile, élégant. De vives lumières jaillissent de vos pages sur l'esprit du lecteur, et une onction pénétrante incline son cœur à la dévotion envers Marie Enfant.

Je ne doute pas que votre livre ne produise d'excellents résultats pour le salut des âmes et la gloire de la sainte Vierge. Comme elle doit vous aimer et vous bénir ! Aussi je m'estime heureux d'avoir à vous féliciter sans restriction.

Veuillez agréer, Madame, mes respectueux hommages.

P. Bauron,

directeur de la *Revue Mariale*,
protonotaire apostolique.

Lyon, 24 mai 1910, fête de Marie Auxiliatrice.

PREMIÈRE PARTIE

CHAPITRE PREMIER

DE L'EXCELLENCE DU MYSTÈRE DE LA SAINTE ENFANCE DE MARIE[1].

Si Marie n'avait pas connu les faiblesses de l'enfance, si Dieu l'avait créée immédiatement à l'âge adulte, au lieu de la faire naître des bienheureux Joachim et Anne, elle aurait pu parvenir aux honneurs de la maternité divine; mais ni elle ni son Fils n'appartiendraient à la postérité d'Adam. Le sang qui coule dans leurs veines ne serait plus le nôtre : ils eussent été l'honneur du genre humain, mais ils ne seraient plus la gloire de la race humaine.

Ces considérations forment le premier motif de notre dévotion envers la sainte Enfance de Marie.

[1] Ce chapitre et les deux suivants sont un résumé succinct de la doctrine du Bienheureux J. Eudes sur l'*admirable Enfance de Marie*, avec quelques très rares additions. Les limites de cet opuscule ne nous permettent pas de donner ici de plus amples développements.

Née, comme nous, d'un père et d'une mère, Marie peut s'appeler *notre sœur*. Il est même, parmi les familles religieuses, un Ordre antique, celui du Carmel, dont Marie veut être appelée spécialement *la sœur*, ayant recommandé qu'on nommât les religieux « ses frères ».

Le second motif de notre dévotion à Marie Enfant vient de cette parole du divin Maître : *Le royaume des cieux est réservé aux enfants*. Quiconque méprise cette parole de Notre-Seigneur peut craindre de ne point entrer dans le royaume céleste. Il est donc utile d'apporter un soin tout particulier à méditer les vertus de la sainte Enfance de Jésus et de celle de sa sainte Mère, d'autant plus que nous avons grand'peine à les comprendre; nous sommes portés à nous grandir par orgueil au lieu de nous faire « tout petits ».

Marie, dès les premiers pas dans la vie, fut un abîme de grâce, un miracle de sainteté, un prodige de sagesse, une fournaise ardente d'amour divin; en un mot, un monde de merveilles. Aussi la contemplation de cette petite Enfant, déjà pleine des dons célestes, ne peut-elle que porter les âmes à l'aimer davantage. Dieu a voulu que la très digne Mère de son Fils passât par l'état d'enfance, afin de nous donner un modèle et une règle de la vie que tous les chrétiens doivent mener : l'Évangile ne les oblige-t-il pas à être des enfants par l'innocence, la pureté, la douceur, la mansuétude?

Il faut donc étudier soigneusement notre

règle, qui est Marie, afin qu'elle devienne notre exemplaire. Saint Anselme ne dit-il pas : « Les vertus de la Mère de Dieu ont je ne sais quoi de plus doux, de plus humain, de plus conforme à notre faiblesse que les vertus du Fils de Dieu, dont la hauteur et l'éclat nous effrayent et nous éblouissent ? » Dégageons de la contemplation des exemples de Jésus et de Marie la loi qui doit régir notre conduite.

Le Bienheureux Eudes, en parlant de la sainte Enfance de Marie, la qualifie toujours d'*admirable*. Entre autres raisons, il en donne de très touchantes, que nous exposons ici brièvement :

« Cette Vierge incomparable, dit-il, n'est pas seulement admirable dans les grandeurs de sa maternité divine, dans les glorieux apanages de cette suprême dignité ; mais elle est tout aussi admirable dans les petitesses et les faiblesses de l'enfance.

« Elle n'est pas seulement admirable dans sa haute qualité de Fille du Père Éternel, de Mère du Fils, d'Épouse du Saint-Esprit, de Reine des anges et des hommes ; mais elle l'est encore en sa qualité de fille bénie de Joachim et d'Anne.

« Elle n'est pas seulement admirable lorsqu'elle porte le Verbe éternel dans son sein virginal ; mais elle l'est aussi en sa conception immaculée, en sa naissance, et quand elle prend le lait de sa mère.

« Je vois, s'écrie notre saint auteur, des anges tout transportés d'admiration lorsque, la regardant monter au ciel, ils s'écrient : « Quelle est « celle-ci qui, sortant des déserts de la terre, « s'élève avec tant de magnificence vers le ciel ? » Et j'entends ces mêmes anges chanter dans leur ravissement, au moment de la naissance de Marie : « Quelle est celle-ci qui s'avance comme « une aurore brillante, belle comme la lune, « radieuse comme le soleil, terrible comme une « armée rangée en bataille ? »

Nous entendons le Père éternel se plaindre amoureusement que Marie lui a ravi le cœur, c'est-à-dire son Fils unique (d'après la version des Septante). Or, par quel moyen l'a-t-elle ravi ? Non seulement par les regards de ses yeux, c'est-à-dire par les grands actes de vertu qu'elle a pratiqués, mais aussi par un des cheveux de son cou, *in uno crine colli tui*. Que sont ces cheveux, sinon les petites choses faites pour Dieu par Marie dans la petitesse de son âge, dans les premiers rayonnements de sa grâce ?

Il n'y a donc rien dans cette Enfant qui ne soit digne d'admiration : sa conception immaculée, les neuf mois qu'elle passa dans le sein de sa mère bénie, sa naissance, la plus merveilleuse sans contredit après celle de son divin Fils, son nom auguste de Marie, son séjour dans la maison de ses parents, son détachement complet de sa famille lorsque, à trois ans, elle va solennellement s'offrir à Dieu, le temps qu'elle demeure dans le sanctuaire du Temple, ses exercices et ses occupations toutes célestes pendant les années qu'elle y séjourne.

Si nous jetons les yeux sur le corps virginal de Marie, nous le trouvons d'une beauté ravissante et miraculeuse, beauté qui imprime l'amour de la pureté dans les cœurs de ceux qui la contemplent. Si nous considérons son âme très sainte, nous voyons qu'elle surpasse toutes les grâces des créatures humaines et celles des créatures angéliques.

Étudions donc rapidement ce que le Bienheureux Eudes nomme les « douze excellences merveilleuses de l'Enfance admirable de la Mère de Dieu ». Cette courte méditation des privilèges, des grandeurs et des beautés divines et humaines de la Vierge Enfant avivera notre tendre vénération, notre foi et notre confiance envers Elle.

PREMIÈRE EXCELLENCE
DE LA SAINTE ENFANCE DE MARIE

Sa très noble origine et son extraction royale.

La très sainte Vierge Marie est issue de la race de David et de la tribu sacerdotale de Lévi : de celle-ci par sa mère sainte Anne, et de celle-là par son père saint Joachim. « Il n'y a jamais eu et il n'y aura jamais dans tout le genre humain, dit saint Bernardin de Sienne, une créature si noble que notre royale Enfant. Toute la noblesse héréditaire de la race d'Adam est en elle par plusieurs générations. En effet, selon la généalogie de son divin Fils Jésus, décrite par saint Matthieu, généalogie qui est aussi la sienne, elle compte dans ses ancêtres quatorze patriarches, quatorze rois, quatorze ducs ou princes. »

On se demandera pourquoi Notre-Seigneur, venu sur la terre pour condamner et détruire l'orgueil et l'ambition des enfants d'Adam, et nous conduire au ciel par le chemin de l'humilité, a voulu que sa sainte Mère et lui fussent issus d'une souche aussi glorieuse? Il l'a voulu pour des raisons importantes. Le Bienheureux Eudes en indique cinq :

1° Il était convenable que notre Rédempteur, prêtre et roi tout ensemble, prît naissance de la tribu royale et de la tribu sacerdotale.

2° Notre divin Sauveur voulait humilier en sa personne, et par lui en celle de sa mère, le faste et la grandeur de la naissance humaine. Il a voulu que sa dignité royale fût confondue et bafouée dans les opprobres et les ignominies de sa passion et de son crucifiement, afin de nous montrer que le chemin du ciel n'est pas la voie des honneurs, des richesses et des plaisirs, mais celle des humiliations, des dépouillements et des mortifications. « Bienheureux les pauvres, nous dit-il, parce que le royaume des cieux est à eux. Bienheureux ceux qui pleurent, parce qu'ils seront consolés. » Il a voulu, en un mot, nous apprendre que la vraie noblesse devant Dieu consiste à être recommandable par ses vertus.

3° Plus son origine était illustre selon le monde, plus grande était la confusion que devait subir notre Sauveur, afin de réparer la gloire de Dieu outragée par le péché, en acceptant cette très grande ignominie d'un fils de rois, du fils de David, mourant sur un gibet, finissant sa vie sur une croix entre deux scélérats.

4° Notre-Seigneur nous a ainsi montré que, s'il est venu en ce monde pour le salut des petits, il est venu aussi pour sauver les grands, les princes et les rois. Sa charité embrasse tous les hommes. Il a voulu détruire l'orgueil et l'arrogance de la chair en naissant pauvre, dans une étable, lui fils de roi, appelant les bergers autour de sa crèche avant d'y admettre les rois, choisissant douze pauvres pêcheurs pour en faire ses apôtres; en cela il honore et sanctifie l'état de pauvreté. Il a choisi en même temps une naissance royale pour ne pas jeter le désespoir dans le cœur des princes et des grands. Il leur apprend ainsi à détacher leur esprit et leur affection des grandeurs et des richesses, et à se servir du pouvoir reçu de Dieu pour se constituer protecteur des faibles et des malheureux.

5° La naissance royale et illustre de Notre-Seigneur et de la sainte Vierge témoignait que cette aimable Enfant et son divin Fils, n'ayant en aucune sorte participé au péché du premier homme, avaient le droit de jouir des privilèges et des avantages de la justice originelle, réservés à l'état d'innocence de nos premiers parents, état royal et magnifique.

DEUXIÈME EXCELLENCE DE LA SAINTE ENFANCE DE MARIE

La Vierge sans tache est née d'un père et d'une mère très saints.

Dieu nous donne ses grâces selon la qualité et la dignité de l'état auquel il nous appelle. En choisissant saint Joachim et sainte Anne pour être le père et la mère de Celle qui devait enfanter le Saint des saints, il les a donc remplis des dons du Saint-Esprit, à un degré extraordinaire. Aussi voyons-nous en eux une foi très vive, une espérance inébranlable, une charité très ardente, une dévotion sans pareille, une humilité très profonde et une pauvreté admirable.

Leur foi et leur confiance brillent dans tout leur éclat lorsqu'ils espèrent contre toute espérance, *in spem contra spem*, en la parole de l'ange, leur annonçant que Dieu leur donnera une fille prédestinée à être la Mère du Sauveur. Voulons-nous avoir des preuves certaines de leur amour très ardent pour Dieu? En voici trois considérables :

La première est la sainteté de leurs mœurs et la pureté de leur vie, qui était, dit saint Jérôme, simple, innocente, droite devant Dieu, irréprochable devant les hommes.

La seconde est leur grande charité pour le prochain. Or, cette charité est la mesure de notre amour pour Dieu; nous pouvons juger du degré de l'un par l'étendue de l'autre, et si la charité envers le prochain n'est point dans notre cœur, l'amour de Dieu en est également absent. *Celui qui hait son frère et dit qu'il aime Dieu est un menteur.* (S. Jean, IV, 20.) Saint Jérôme parle avec admiration de la grande charité de saint Joachim et de sainte Anne, et de leur parfait détachement des biens de la terre.

La troisième preuve de leur grand amour de Dieu est le sacrifice qu'ils font de leur bien-aimée fille, qui est tout leur trésor, leur gloire, leur consolation, leur cœur, leur amour et leurs délices, pour la donner à sa divine Majesté, et cela dès l'âge de trois ans. Ils en avaient fait le vœu, c'est vrai; mais ce vœu n'eût pas laissé d'être accompli, alors même qu'ils en eussent retardé l'exécution de quelques années.

Quant à leur piété, quel plus admirable fruit pourrions-nous en voir que notre céleste Enfant! Leur humilité s'était profondément enracinée par l'opprobre de leur stérilité, supporté pendant vingt ans, et surtout par leur sainteté éminente.

Enfin ils ont excellé en toute sorte de vertus; car il était convenable, dit saint Pierre Chrysologue, que la demeure de Celui qui est le Saint des saints et la sainteté même fût longtemps auparavant préparée en la personne du père et de la mère de Celle qui devait le concevoir et l'enfanter.

« O bienheureux couple! s'écrie saint Jean Damascène parlant à saint Joachim et à sainte

Anne, tout le monde vous est obligé ; c'est par votre moyen que nous offrons au Créateur le don le plus excellent qui puisse lui être offert, c'est-à-dire une Fille digne d'être la Mère de son Fils unique. O bienheureux Joachim, qui avez mérité d'être père de la très sainte Mère de Dieu ! ô dignes entrailles d'Anne qui ont formé, nourri et produit un fruit si saint et si merveilleux ! ô bienheureux couple qui, en vivant chastement et saintement, avez produit le trésor de la virginité ! »

Essayons de nous figurer l'amour et la reconnaissance de la Vierge Enfant pour ses saints parents, et nous comprendrons combien elle a pour agréable l'affection que nous leur portons.

TROISIÈME EXCELLENCE DE LA SAINTE ENFANCE DE MARIE

La très sainte Vierge est le fruit miraculeux des prières, des larmes et des bonnes œuvres de ses bienheureux parents.

Ils ne demandent à Dieu qu'un enfant, et voici qu'ils deviennent le père et la mère de tous les fidèles qui seront en ce monde jusqu'à la fin des siècles. Ils souhaitent un enfant pour être leur consolation, et Dieu leur donne une fille qui sera l'honneur, la joie, l'amour et les délices des cieux et de la terre. Aussi, qui a donné naissance à notre admirable Enfant, si ce n'est la prière accompagnée de soupirs, de larmes, d'aumônes et de jeûnes? La très sainte Vierge révéla à sainte Brigitte que l'amour divin eut seul sur ses saints parents un pouvoir que jamais n'aurait eu l'amour charnel, de telle sorte que son corps fut formé non par la volonté de la chair, mais par l'instinct de la divine charité.

Le Bienheureux Eudes conclut ces considérations sur la troisième excellence, en nous exhortant à travailler avec ferveur, par nos prières et par la sainteté de notre vie, à nous rendre dignes de participer aux privilèges des glorieux parents de la Reine du ciel; nous y parviendrons en faisant naître Jésus et Marie dans un grand nombre de cœurs. Et de même que, selon le grand Gerson, nous pouvons dire à notre Sauveur : Vous êtes mon Fils, je vous ai donné naissance aujourd'hui dans une âme privée de votre vie divine, *Filius meus es tu, ego hodie genui te*, de même nous adresserons ces paroles à sa très sainte Mère. Et les anges et les saints nous regarderont, nous honoreront, nous aimeront éternellement comme le père ou la mère de leur Roi et de leur Reine.

QUATRIÈME EXCELLENCE DE LA SAINTE ENFANCE DE MARIE

La naissance de la bienheureuse Vierge fut révélée du ciel à saint Joachim et à sainte Anne par l'archange saint Gabriel.

Saint Jérôme rapporte comment, au même

moment, l'archange apparut à saint Joachim d'abord, en lui annonçant la fin de la stérilité de son épouse et sa fécondité miraculeuse, puis à sainte Anne, en lui disant qu'elle mettrait au monde une fille qui serait la Mère du Rédempteur du genre humain. Plusieurs saints docteurs tiennent pour certain que saint Gabriel était alors accompagné d'un grand nombre d'esprits célestes, pour témoigner plus de respect et d'amour à cette admirable Enfant.

O bienheureux archange! vous êtes l'ange serviteur de Jésus et l'ange gardien de la Mère du Fils de Dieu. C'est vous qui êtes envoyé au prophète Daniel, à Élisabeth, enfin à saint Joachim et à sainte Anne. C'est vous qui saluez la divine Marie « pleine de grâce », bénie entre toutes les femmes et choisie de Dieu pour concevoir et enfanter le Rédempteur du monde. C'est vous qui délivrez saint Joseph de la peine cruelle qui le torturait. C'est vous qui, avec une troupe innombrable d'anges, annoncez la naissance du Sauveur. C'est vous qui avertissez saint Joseph des mauvais desseins d'Hérode, vous enfin qui réconfortez le Fils de Dieu pendant son agonie, et qui apparaissez aux saintes femmes pour leur annoncer la résurrection du Sauveur et les promesses de vie et de paix dont elle était le gage. Nous vous révérons et nous vous honorons, ô puissant archange! faites-nous participer à votre amour très ardent pour Jésus et pour Marie.

CINQUIÈME EXCELLENCE DE LA SAINTE ENFANCE DE MARIE

La joie extraordinaire dont sa naissance a rempli le monde entier.

Plusieurs grands théologiens enseignent que la très sainte Vierge est née dans un état de sainteté qui surpasse celui de tous les anges et de tous les saints ensemble. Et nous entendons la voix de la sainte Église qui, au jour solennel du 8 septembre, fait retentir dans tout l'univers ces paroles : « Votre naissance, ô Vierge Mère de Dieu ! a rempli de joie le monde entier; car c'est de vous qu'est sorti le Soleil de justice, Jésus-Christ notre Dieu, qui, brisant les liens de malédiction dans lesquels nous étions engagés, nous a apporté la bénédiction, et, victorieux de la mort, nous a donné la vie éternelle. »

La nativité de Marie a donc été le principe et la source des véritables joies : joies universelles, car le ciel, la terre, l'enfer, le Créateur et toutes les créatures y ont eu part. Joie pour les anges, qui voient enfin Celle que Dieu leur avait montrée dès le commencement du monde, et par laquelle sont réparées les ruines causées par le crime de Lucifer. Joie pour les âmes des Patriarches, des Prophètes et des Justes de l'ancienne loi, spécialement de nos premiers parents, quand ils apprennent par leurs bons anges que l'heure de leur délivrance approche. Joie inconcevable de saint Joachim et de sainte Anne, devenus après tant de soupirs et de larmes le père et la mère de Celle qui doit enfanter le Messie.

La sainte Vierge révéla un jour à sainte Brigitte que, lorsque son âme bienheureuse fut sanctifiée et unie à son corps, sa mère sainte Anne se sentit remplie d'une si grande allégresse, qu'il serait impossible de l'exprimer. Quelles ne furent donc pas sa jubilation et celle de son bienheureux époux à la naissance de leur Enfant bénie !

Si nous voulons savoir encore quelle est la joie du Créateur et celle de toutes les créatures en cette naissance admirable, écoutons sainte Mechtilde : La glorieuse Vierge lui apprit que sa venue en ce monde avait comblé l'adorable Trinité d'un tel contentement, que, l'abondance de la joie divine se déversant sur toutes les créatures au ciel et sur la terre, elles se trouvèrent inondées d'une ineffable consolation, sans en connaître la cause. De toute éternité, ajoute-t-elle, Dieu avait pris tant de complaisance en la vue de la naissance future et de l'enfance de Marie, que toutes les premières actions de sa sainte vie furent un jeu très agréable devant sa divine Majesté ; et c'est ce qui est marqué dans ces paroles : *Ludens coram eo omni tempore* (Prov. VIII, 31).

Que nos cœurs se livrent donc à l'allégresse. Cette Enfant admirable est bien la Cause de notre joie, *Causa nostræ lætitiæ*. Saint Jean

Damascène la nomme « un océan de joie inépuisable, *Inexhaustum gaudii pelagus* ». Le saint prêtre Chrysippus : « le trésor de toutes les joies et l'origine de notre felicité, *Thesaurus omnis lætitiæ et origo nostræ felicitatis.* » Saint Germain de Constantinople : « la joie du monde entier, *Gaudium universi mundi.* » Et saint Méthodius martyr : « le commencement, le milieu et la fin de nos saintes réjouissances. »

Une pratique bien agréable à Marie, ainsi qu'elle l'a demandé à sainte Mechtilde, serait de lui offrir la joie qu'elle ressent dans le ciel de ce que Dieu l'a tant aimée, même avant sa naissance, qu'il a pris une particulière complaisance dans toutes les actions de son premier âge.

SIXIÈME EXCELLENCE DE LA SAINTE ENFANCE DE LA BIENHEUREUSE VIERGE

La perfection et la beauté incomparables de son corps virginal.

Les perfections naturelles de Marie, non seulement n'ont pas été en elle un obstacle à la grâce et à son éminente sainteté, mais elles y ont contribué, contrairement à ce qui arrive trop souvent pour nous, à cause de notre nature viciée par le péché.

Saint Bonaventure, saint Antonin, Denys le Chartreux et beaucoup d'autres saints docteurs et théologiens sont unanimes à déclarer qu'entre tous les corps humains il n'y en a iamais eu, après le corps adorable de Jésus, de si parfait et de si beau que le corps très pur de Marie.

Écoutons, entre autres, le savant et pieux Gerson :

« Toute la nature, dit-il, se présenta au Saint-Esprit, au moment de la conception de Marie, pour recueillir les beautés éparses en toutes créatures et les réunir en la Reine de l'univers. Les vertus s'offrirent à lui pour faire un monde de sainteté de cette Enfant ; la sagesse, pour organiser son corps ; la pureté, pour le revêtir ; la grâce, pour l'animer ; la prudence, pour disposer le cerveau ; la charité, pour établir son trône dans le cœur ; la pudeur, pour couvrir le front ; la douceur, pour prendre place sur les lèvres ; la modestie et la virginité, pour orner tout le corps d'une sainteté sans pareille. »

Et saint Jean Damascène, donnant les plus magnifiques éloges à ce corps virginal : « Vous êtes, lui dit-il, le véritable arbre de vie, qui ne peut porter que de bons fruits. Vos yeux sont faits pour regarder le ciel, et demeurer continuellement attachés sur le Bien-Aimé de votre cœur. Vos oreilles ne sont ouvertes que pour entendre la parole de Dieu et la voix de l'Esprit-Saint. Votre odorat ne peut flairer que la douceur des parfums du céleste Époux. Vos lèvres ne sont employées qu'aux louanges divines. Votre langue ne sait d'autre langage que celui du ciel. Votre cœur a toujours été fermé au péché et ouvert seulement à l'amour de Dieu et à la charité envers le prochain. Vos entrailles sont faites pour être la demeure de Celui qui comprend tout et que rien ne peut contenir. Vos mamelles bénies sont destinées à allaiter un Dieu Enfant. Vos mains doivent être le char du Roi du ciel, vos genoux son trône, et un trône plus élevé que les chérubins. Vos pieds, toujours guidés par la lumière de la loi de Dieu, n'ont jamais cessé d'avancer jusqu'à ce que vous ayez trouvé le divin Epoux des âmes et l'ayez attiré en ce monde. Vous êtes enfin le lit nuptial du Saint-Esprit; vous êtes toute belle et toute proche de Dieu. »

Veut-on savoir la raison de la perfection et de la beauté merveilleuse du corps de Marie? La voici : d'abord, ce corps virginal n'avait rien de la malédiction du péché d'Adam; puis, d'après saint Jérôme, saint Épiphane, saint Jean Damascène et autres, il a été formé miraculeusement et par une vertu surnaturelle. Aucune des qualités les plus excellentes n'a été omise pour orner cet ouvrage du Saint-Esprit. « C'est une statue taillée de la main de Dieu, » dit saint André de Jérusalem. C'est le corps de Celle qui est destinée à être la Mère du Sauveur, et qui doit avoir avec celui de Jésus la plus parfaite ressemblance; en effet, « qui voyait l'un, voyait l'autre, » fut-il révélé à sainte Brigitte. C'est le corps qui sera uni à la plus belle et à la plus sainte âme qui fut jamais, après l'âme du Sauveur. C'est un corps fait pour devenir le temple le plus vénérable de l'Esprit-Saint, et dans lequel Celui que les cieux des cieux ne peuvent comprendre sera renfermé pendant neuf mois.

Si tant de respect et de vénération entourent les objets qui ont touché le divin corps du Sauveur, la croix, les clous, les langes, etc., quel honneur incomparable mérite le corps de la bienheureuse Vierge, dont celui du Rédempteur a été formé !

Après cela, ne nous étonnons pas des louanges prodiguées par la sainte Église et les saints Pères à la beauté du corps de Marie : « O Vierge, dit saint Anselme, votre beauté est si rare, qu'il semble que vous ne soyez faite que pour être regardée et admirée. O Vierge, uniquement admirable et admirablement unique ! »

Jugez enfin quelle est cette beauté qui mérite d'être l'objet des admirations d'un Dieu : *Quam pulchra es, amica mea !* et de ravir son cœur : *Concupiscet rex decorem tuum*, selon les paroles du Saint-Esprit.

Ne serons-nous pas bien aises maintenant de savoir quelles étaient la forme et la figure du saint corps de la Reine du ciel ? Nous en trouvons la description dans saint Épiphane, Nicéphore, saint Anselme et autres : « Sa taille était riche, ses cheveux bruns, ses yeux noirs et brillants, ses sourcils doucement arrondis, ses lèvres gracieuses et colorées, son visage ovale, son teint blanc et vermeil comme celui de son Fils Jésus, ses mains belles et bien faites, ses doigts longs. Son maintien était agréable ; sa robe, toujours simple et nette, n'avait d'autre teinture que celle qui était naturelle à la laine dont elle était tissée. Vous eussiez dit que son vêtement était la modestie même. En un mot, tout son être était fait de douceur, imprimant un respect profond dans les cœurs de ceux qui la voyaient. »

Aimable Enfant, quelles actions de grâces je rends à mon Dieu pour vous avoir donné un corps doué de tant de perfections dès les plus tendres années de votre sainte enfance !

SEPTIÈME EXCELLENCE DE LA SAINTE ENFANCE DE LA BIENHEUREUSE VIERGE MARIE

La perfection admirable de sa sainte âme.

La divine Bonté ayant donné un corps si parfait à notre sainte petite Enfant, nous ne pouvons douter qu'elle ne lui ait fait également le don d'une âme excellente. Cette âme, créée pour être celle de la Fille aînée du Père éternel, Mère des chrétiens, Reine des anges et des hommes, et par conséquent pour être le modèle de toutes les âmes, doit être ornée de toutes les qualités convenables à des titres si éminents. Par suite, Dieu lui a donné la mémoire la plus heureuse qui fût jamais, l'entendement le plus éclairé, le plus sage, le plus judicieux qui puisse être ; l'esprit le plus vif, le plus pénétrant ; une volonté exempte de la corruption du péché et parfaitement soumise aux ordres de Dieu ; des passions qui, ne tenant rien du désordre de la désobéissance d'Adam, étaient entièrement soumises à la raison. En un mot, toutes les facultés, soit de la partie supérieure, soit de la partie inférieure de cette âme admirable, étaient douées d'une droiture, d'une vigueur et d'une perfection incomparables. Et toutes ces facultés s'entendaient, s'harmonisaient pour adorer Dieu, l'aimer, le glorifier et lui plaire.

Les enseignements de la très sainte Vierge à sainte Brigitte sur ce sujet nous sont précieux : « Dieu m'a unie si étroitement à sa divinité, lui dit-elle, que quiconque voit Dieu, me voit en Dieu, et Dieu en moi. Et quiconque me voit peut voir en moi, comme en un très beau miroir, la divinité et l'humanité de mon Fils. Je suis, en effet, tellement renfermée et abîmée de corps et d'âme en la divinité, et Dieu m'a tellement remplie de ses divines vertus, que toutes ses perfections se trouvent en moi comme dans leur abrégé. Le corps et l'âme qu'il m'a donnés sont plus purs que le soleil... La pureté dont il a spécialement orné mon âme est si grande, si éclatante, que, recevant en moi, comme dans un très clair miroir, l'image vivante des trois Personnes divines, je les représente aussi parfaitement qu'il est possible à une pure créature. »

Grâces immortelles soient rendues à la très sainte Trinité, ô divine Enfant, de vous avoir donné une telle âme, enrichie de tant de dons merveilleux, et louanges éternelles vous soient données pour la gloire que vous lui avez procurée par ce très saint usage des puissances de votre âme, dès votre plus tendre enfance!

HUITIÈME EXCELLENCE DE LA SAINTE ENFANCE DE LA BIENHEUREUSE VIERGE MARIE

La lumière et la science dont elle a été remplie.

C'est une vérité notoire : la science humaine et naturelle dépourvue d'humilité est la racine de tous les maux et la cause de la perte d'une infinité d'âmes; témoin les hérésiarques tels que Arius, Nestorius, Luther, Calvin, qui ont fait plus de mal à l'Église que les Néron et les Domitien. Par contre, il est certain que la science divine et surnaturelle est la source du salut. Cette science, qui est infuse par l'Esprit-Saint et qui est un de ses dons, est inséparable du don de piété : *Spiritus scientiæ et pietatis*. Elle dissipe les ténèbres de l'enfer, éclaire nos esprits des lumières du ciel, remplit nos cœurs d'amour pour Dieu et pour le prochain, d'humilité pour nous-mêmes, de mépris pour les vanités du monde. Telle est la science dont la très sainte Vierge a été remplie dans sa sainte enfance, science infuse et surnaturelle dont elle a été illuminée dès l'instant de son immaculée conception. Selon plusieurs graves théologiens, Marie, dès ce premier moment de sa vie, a reçu une connaissance de la très auguste Trinité plus claire que celle qui fut donnée aux anges et au premier homme à l'instant de leur création.

Si saint Jean-Baptiste, dans les entrailles de sa mère, a connu le Verbe incarné, nul doute que notre sainte Enfant n'ait eu connaissance du mystère de l'Incarnation pendant qu'elle était encore dans le sein de sainte Anne. Saint Bernard va plus loin, car il affirme qu'elle fut alors divinement et pleinement instruite de tous les mystères. Saint Bernardin de Sienne déclare à son tour que Marie, encore dans les entrailles de sa bienheureuse mère, reçut de Dieu sept sortes de connaissances sublimes, qu'il énumère ; d'où le Bienheureux Jean Eudes conclut avec raison que, toutes ces connaissances, elle les possédait par droit de souveraineté. S'il était convenable, en effet, que Dieu fît connaître à Adam toutes les créatures assujetties à sa puissance, à plus forte raison devait-il donner à Marie, Reine et Souveraine de l'univers, une connaissance plus éminente et plus étendue.

Les lumières si extraordinaires que nous venons d'indiquer ne sont pourtant que celles dont notre merveilleuse Enfant a joui dès l'aurore de sa vie ; mais que dirons-nous de leur accroissement dans la suite de ses années? Les saints et les docteurs reconnaissent qu'elle reçut :

1° L'usage de la raison au premier instant de sa vie;

2° Le don de la plus haute contemplation;

3° Le privilège de converser avec saint Gabriel et les saints anges de sa suite;

4° La claire intelligence des Saintes Écritures et Livres divins;

5° L'esprit de prophétie, témoin son cantique sublime, le *Magnificat;*

6° La grâce des révélations divines;

7° Les lumières admirables de l'Esprit-Saint, pénétrant et remplissant son esprit et son cœur.

Après cela que faut-il dire du reste de sa vie? Il faut proclamer qu'elle est la Mère du Soleil éternel, qu'elle est une étoile qui a produit un soleil, ou plutôt qu'elle est un second soleil, *electa ut sol,* un soleil éclairant les anges et les hommes. L'Apocalypse place la lune sous ses pieds, et, sur sa tête, une couronne de douze étoiles. Marie a porté dans son cœur Celui qui contient tous les trésors de la sagesse et de la science de Dieu ; aussi est-elle appelée par saint Jean Damascène « la fontaine éternelle de la véritable lumière »; par saint Grégoire le Grand, « la Maîtresse de tous les docteurs, » et saint Bernard nous assure qu'elle a pénétré jusqu'au plus profond des abîmes de la divine Sagesse, et qu'elle a été plongée et absorbée dans la lumière inaccessible de la Divinité.

Le nom même de *Marie* veut dire « illuminée, illuminatrice, illuminante ». Dieu a voulu, en effet, que Marie fût la Mère des célestes lumières, la Maîtresse des sciences saintes, afin de se l'associer dans sa divine qualité de « Père des lumières », de « Seigneur des sciences ».

Vierge Enfant, rendez-nous savants, nous aussi, mais de cette science qui conduit à la véritable humilité, puisque, entre toutes les sciences des hommes, la meilleure est la connaissance de soi-même.

NEUVIÈME EXCELLENCE DE LA SAINTE ENFANCE DE LA BIENHEUREUSE VIERGE

La grâce prodigieuse dont elle a été ornée.

Le salut de l'archange Gabriel à Marie nous révèle son véritable nom. Il lui dit : « *Ave, gratia plena* : Je vous salue, pleine de grâce. » Il nous donne à entendre par là que, bien que la Vierge sainte ait été et doive toujours être pleine de grâces, néanmoins cette plénitude est différente aux divers moments de sa vie, en raison de la capacité de son âme, laquelle s'étendait et se dilatait toujours plus à mesure qu'augmentait son amour de Dieu.

Nous le savons, Marie a été pleine de grâce dès le premier instant de sa vie, et, par le parfait usage qu'elle a fait de cette grâce, elle est parvenue à un degré éminent de sainteté qui surpassait celui de tous les anges et de tous les saints. Si elle a été à ce point remplie de grâce dès ce premier instant de sa vie, quel esprit pourrait comprendre et quelle langue pourrait dire les trésors immenses dont elle s'est enrichie dans tout le cours de sa Sainte Enfance? D'abord, il n'y avait en elle nul obstacle à la grâce, si petit fût-il; puis, les dons de l'Esprit-Saint avaient pris une entière possession de son cœur : ses pensées, ses paroles, ses actes, ses sens intérieurs et extérieurs n'avaient d'autre fin que la seule gloire de Dieu. Elle exerçait toutes les vertus et faisait toutes ses actions selon toute l'étendue de la grâce qui était en elle. Aussi, c'est la commune opinion des théologiens que la Reine des anges, ayant reçu au premier moment de sa vie une grâce qui surpassait celle des plus purs séraphins, et ayant produit, comme nous l'avons dit plus haut, une infinité d'actes de foi, d'espérance, de charité, de religion et de toutes les vertus, est arrivée à un degré de grâce incompréhensible à tout esprit humain ou angélique : Dieu seul peut le connaître.

Les saints à l'envi saluent Marie comme « la couronne des grâces, *corona gratiarum*, un très profond abîme de grâces », « un océan de grâces ». Et tous ces noms lui conviennent à bon droit; car elle a reçu une grâce infinie, si l'on peut parler ainsi, puisqu'elle devait être la Mère de Dieu, dignité en quelque sorte infinie.

O admirable Enfant, que j'ai de joie de vous voir si pleine de bénédictions! Grâces vous soient rendues, adorable Trinité! Que tous les anges et les saints vous glorifient éternellement!

DIXIÈME EXCELLENCE DE L'ENFANCE BÉNIE DE LA BIENHEUREUSE VIERGE MARIE

La sainteté et la perfection de cette même Enfance.

Le Docteur angélique déclare que le Fils de Dieu ayant choisi Marie dès le commencement de sa vie pour être sa Mère, l'a douée d'une excellence et élevée à une dignité qui surpassaient les excellences et les dignités de tous les anges et de tous les saints. En conséquence, le même saint docteur déclare qu'il était convenable que Marie eût en soi une plénitude de grâces correspondante à cette importante élection et qui la disposât à cette très haute dignité. Saint Laurent Justinien est du même sentiment : « Il est constant, dit-il, que le Verbe éternel a aimé et choisi la bienheureuse Vierge pour sa Mère *avant qu'elle fût née,* et qu'il l'a remplie d'une grâce très abondante lorsqu'elle était encore dans les entrailles de sa Mère. »

Saint Jean Damascène, saint Bernard affirment la même prérogative. « Marie, dit ce dernier, a été plus aimée de Dieu, dès sa conception immaculée, que tous les autres saints, parce que Dieu l'a regardée et aimée dès lors comme Celle qui devait être la Mère de son Fils. »

Disons donc avec le Bienheureux Eudes : Si Marie a été plus aimée de Dieu que tous les autres saints, nous ne pouvons douter qu'en retour elle n'ait aimé Dieu de toute la force de la grâce qui était en elle, et qui surpassait les grâces de tous les saints. Aussi le pieux auteur n'a-t-il pas de peine à croire que notre aimable Enfant rendait plus de gloire à Dieu par ses actions enfantines, que les plus grands saints par leurs actes de vertu les plus héroïques; qu'elle honorait plus Dieu quand elle reposait dans son petit berceau, que saint Laurent souffrant son douloureux martyre, attendu qu'en toutes ces choses elle était plus embrasée d'amour de Dieu que tous les séraphins, les apôtres et les martyrs tous ensemble.

La très sainte Vierge a révélé à sainte Brigitte que, dès qu'elle eut la connaissance de son Créateur, elle l'aima d'un amour indicible et inconcevable, dont l'ardeur la faisait soupirer sans cesse après lui; et elle ajouta que ses grands désirs de le connaître plus parfaitement étaient surtout avivés par le soin que ses parents prenaient de son éducation.

Parmi les saints Pères qui nous parlent de la perfection de cette Enfant bénie, citons encore saint Jean Damascène : « De quelles paroles me servirai-je, dit-il en s'adressant à la très sainte Vierge, pour exprimer la gravité de votre maintien, l'honnêteté de votre vêtement, la bonne grâce de votre visage, la prudence d'une sage vieillesse se révélant déjà dès votre enfance! Votre démarche posée était ennemie de toute légèreté. Toutes vos actions exprimaient la gravité et la douceur. Vous fuyiez très soigneusement les flatteries des hommes. Vous étiez soumise en tout à vos parents. Rien de si humble que vous au milieu de vos très hautes contemplations; rien de si doux, de si affable, de si gracieux dans vos paroles et dans votre conversation. Enfin toute votre personne portait le cachet de la maison et de la demeure de la Divinité. » Il serait trop long de citer saint Ambroise. Contentons-nous de recueillir, comme des perles précieuses, quelques-uns des éloges qu'il décerne à la Vierge Enfant :

« Marie, dit-il, aimait la pauvreté et les pauvres. Elle était incapable de nuire à qui que ce fût, mais pleine de bienveillance pour tous, pénétrée de respect pour ses supérieurs, sans envie pour ses égaux. Quand a-t-elle donné le moindre sujet de mécontentement à ses parents? Quand a-t-elle dédaigné les simples ou méprisé les faibles? Rien de hautain dans son regard, rien d'offensant dans ses paroles, rien de messéant dans ses actes, rien de libre dans ses mouvements, rien d'affecté dans sa démarche, rien d'immodeste dans le ton de sa voix, rien dans tout son extérieur qui ne fût l'image de sa piété et de sa sainteté intérieure. Aussi était-elle extrêmement aimée de ses parents, estimée de ses compagnes, et si remplie de sainteté, qu'elle s'est rendue digne de devenir Mère de Dieu. »

O Marie Enfant, obtenez-nous que cette vue des excellentes perfections de votre sainte

Enfance nous enflamme du désir de vous imiter par un très ardent amour de Dieu en nos moindres actions.

ONZIÈME EXCELLENCE DE LA SAINTE ENFANCE DE LA BIENHEUREUSE VIERGE

Marie, dès son enfance, porte la qualité de Reine du ciel et de la terre.

Est-il vrai que Marie Enfant soit reine? Oui, cette douce petite Marie, répond le Bienheureux Eudes, est une grande Princesse et une puissante Reine. Elle est la Souveraine des anges et des hommes, l'Impératrice de l'univers, dès sa conception dans le sein de sainte Anne. Voici pourquoi :

1° On ne peut dénier le nom et la qualité de princesse à une enfant qui naît de sang illustre et royal et compte dans sa lignée, comme nous l'avons dit plus haut, un grand nombre de patriarches, de rois et de princes.

2° Il était convenable à la gloire du Roi des rois, que Celle qui devait le concevoir et l'enfanter fût telle qu'on pût dire qu'elle a toujours porté la couronne royale, même en naissant.

3° La très sainte Trinité l'a élue, dès le moment de sa conception immaculée, pour être Reine du ciel et de la terre, selon ces divines paroles : *Ab æterno ordinata sum ; a sæculo coronata sum.*

4° Le Père éternel l'ayant choisie pour être

sa Fille aînée, elle est par conséquent l'héritière des cieux et des mondes sortis de sa main.

5° Le Fils de Dieu, en la choisissant pour sa Mère, l'associe à lui dans sa divine royauté, et dans tous ses droits sur le royaume éternel que son Père lui a donné. Ce qui a fait dire à saint Pierre Chrysologue que « Marie porte le nom et la qualité de souveraine dès sa naissance, par l'ordre et l'autorité de Celui dont elle devait être la Mère ».

6° Notre divine petite Enfant, étant réellement Épouse du Saint-Esprit, d'une manière très excellente qui n'a rien de semblable au ciel et sur la terre, et dès le premier instant de sa vie, est, par conséquent, Reine et Impératrice de l'univers, puisqu'elle est l'Épouse du souverain Monarque qui le gouverne;

7° Rappelons enfin que le nom de Marie signifie « Dame, Maîtresse et Souveraine »; et quand il plaît à Dieu de donner un nom à une de ses créatures, qui sait comme lui choisir ce nom tel qu'il convient?

Marie est donc Reine du ciel, ainsi proclamée par Dieu lui-même, comme nous venons de le voir. Elle est Reine des anges, tant parce qu'elle est l'Épouse du Roi des anges, que « parce qu'il a été arrêté dans le conseil éternel de Dieu, dit saint Anselme, qu'elle serait pour l'éternité la Dame et la Reine de tous les anges ». Elle est Reine des hommes dès sa conception, tant parce qu'elle est choisie dès lors par le Fils de Dieu pour coopérer avec lui au salut de l'humanité, que parce qu'elle est la nouvelle Ève, Reine et Mère de tous les vivants. Elle exerce enfin uue domination absolue sur tous les démons, parce que, ayant écrasé la tête du serpent dès sa conception immaculée, elle les a tous vaincus et a triomphé de l'enfer. De là vient qu'elle leur est terrible, que son seul nom les fait trembler et les met en fuite. On doit dire aussi que notre aimable petite Princesse, dès le premier moment de sa vie, a une puissance et une souveraineté absolues sur toutes les créatures raisonnables, sensibles et insensibles, animées et inanimées, par le même titre qui faisait d'Adam le roi du monde avant son péché, c'est-à-dire par le titre de la justice originelle.

« Tout ce qui est sous l'empire de la très sainte Trinité, écrit saint Bernardin de Sienne, est sous la domination de la glorieuse Vierge; tous les anges, tous les hommes, tous les êtres corporels et spirituels, tous les cieux, tous les éléments au ciel et sur la terre, soit les bienheureux, soit les damnés, et généralement toutes les choses créées qui sont sous la dépendance de Dieu, sont aussi sous la dépendance de la Mère de Dieu. »

C'est ainsi que notre merveilleuse petite Enfant est Reine et Impératrice de l'univers, dès le moment de sa conception. Si, dans son enfance ou dans le reste de sa vie, elle n'a pas fait usage de ses droits souverains, elle n'en a pas moins et très légitimement le nom et la qualité de Reine.

Quelle joie pour nos cœurs d'avoir Marie pour Souveraine, de nous soumettre à son très doux empire et à celui de son divin Fils! Prions-la d'établir parfaitement son règne en nous, de la manière qui lui sera le plus agréable.

DOUZIÈME EXCELLENCE DE LA SAINTE ENFANCE DE LA VIERGE MARIE

Elle porte déjà la qualité de Mère de Dieu et de Mère des enfants de Dieu dans cette même Enfance.

C'est un monde de merveilles que notre divine Enfant ; c'est un océan de prodiges, un abîme de miséricorde. Quelle merveille qu'une créature donne l'être à Celui dont elle l'a reçu, et qu'une fille d'Adam, née dans le temps, donne la vie à Celui qui est vivant de toute éternité ! Une Mère est la fille de son Fils, et une fille est la Mère de son Père ! Quel miracle ! Une Vierge conçoit et enfante un fils, qui est Dieu ; une étoile enfante un soleil ; un ruisseau est l'origine de sa source ; une fontaine, la source d'une mer. Mais encore quelle merveille de voir une enfant qui est mère ; une enfant d'un jour, d'une heure, d'un moment, être la mère du Roi de tous les siècles ! Comment cela se peut-il faire? « En trois manières, répond le Bienheureux Eudes, car je vois trois sortes de maternités en cette céleste Enfant : une maternité spirituelle, une maternité morale, une maternité corporelle. »

La maternité *spirituelle* est celle dont Notre-Seigneur fait mention dans ces paroles : « Quiconque fait la volonté de mon Père qui est aux cieux, celui-là est mon frère, ma sœur et ma mère. » Le Verbe incarné, en donnant cette glorieuse qualité de *mère* aux personnes qui font la volonté de son Père céleste, nous enseigne que l'âme qui accomplit cette divine volonté forme et fait naître le Fils de Dieu dans son sein. Saint Paul nous le déclare : *Formetur Christus in vobis*. C'est donc pour cette raison que notre petite Marie est Mère de Jésus dès son enfance; mais elle l'est à un degré incomparable et propre à elle seule, parce qu'elle a accompli la volonté de Dieu plus parfaitement, avec plus de grâce et d'amour que tous les saints. Par suite, elle a formé et fait naître dans son cœur le Fils de Dieu d'une manière bien plus parfaite que tous les autres saints.

Ensuite, et c'est un privilège qui n'appartient qu'à notre sainte Enfant, elle a donné naissance dans son cœur à son divin Fils dès le moment de sa conception, bien qu'elle ne l'ait formé dans ses chastes entrailles qu'à l'âge de quatorze ans. *Prius concepit mente quam ventre*, dit le grand pape saint Léon. Et ainsi, cette céleste Enfant est Mère de Dieu aussitôt qu'elle commence à vivre. Selon saint Augustin, cette maternité spirituelle lui est plus avantageuse et plus glorieuse que la maternité corporelle.

La maternité *morale* de Marie est celle dont il est fait mention dans l'évangile qui se lit aux messes des fêtes de son Immaculée Conception et de sa Nativité : « Jacob engendra Joseph, l'époux de Marie, de laquelle est né Jésus. » Il pourrait sembler surprenant que la sainte Église, en ces deux fêtes, nous représente Marie comme celle dont Jésus est né. En ces mêmes fêtes de son Enfance, elle met sur nos lèvres, dans l'office divin, ces belles paroles : « Chantons d'esprit et de cœur les louanges de Jésus-Christ en cette solennité sacrée de Marie, la très digne Mère de Dieu. » D'où vient donc que l'Église regarde et honore Marie, petite Enfant, comme Mère de Dieu? C'est que, animée et éclairée de l'Esprit de Dieu, elle la regarde (ainsi que Dieu la regarde lui-même) comme celle qui a été choisie de toute éternité pour être la Mère du Fils unique de Dieu. Elle n'est pas encore actuellement et physiquement Mère de Dieu; mais elle l'est moralement, comme le disent les théologiens, attendu que le décret immuable qui a été fait par Dieu touchant sa divine Maternité lui donne, au premier instant de sa vie, une excellence et une dignité qui surpassent presque infiniment toutes les grandeurs, toutes les dignités les plus relevées du ciel et de la terre. Dieu la considère dès lors comme la plus noble et la plus parfaite de toutes les créatures, et la traite déjà comme Mère de Dieu, l'aimant et l'honorant effectivement comme telle. C'est pourquoi l'adorable Trinité veut qu'elle s'appelle « Marie » dès le commencement de sa vie, ce nom, selon saint Ambroise, contenant en soi la divine maternité, puisqu'il signifie : « Dieu né de ma race. » Saint Pierre Chrysologue dit aussi : « Le nom de Marie est un nom mystérieux et prophétique, car il contient et présage la divine maternité. »

La maternité *corporelle* de Marie s'accomplit dans sa quatorzième année, à la fin du temps de son Enfance. Tout ce saint temps a donc été employé à la préparer à devenir la Mère de Dieu et à la rendre digne de cette divine maternité. On peut dire que Jésus est le fruit de la sainte Enfance de Marie, c'est-à-dire le fruit de l'amour, de la charité, de l'humilité, de l'obéissance, de la pureté et des autres vertus de cette très sainte Enfant. Voilà pourquoi sans doute l'Église, considérant la bienheureuse Vierge dans son enfance, la salue et l'honore dans la messe du jour de sa Nativité, comme Mère du Roi du ciel. *Salve, sancta Parens, enixa puerpera Regem, qui cœlum terramque regit* : « Je vous salue, ô sainte Mère, qui avez enfanté le Roi du ciel et de la terre. »

Voyons maintenant comment Marie, dans son enfance, justifie sa qualité de *Mère des enfants de Dieu*.

1° Dieu l'a créée pour être avec son divin Fils la réparatrice de la prévarication d'Ève. Il l'a donc mise à sa place dès le commencement de sa vie. Il lui a donné la qualité de Mère des vivants, avec les droits, les honneurs, les privilèges qui en découlent.

2° Dès sa conception, le Père éternel, l'ayant élue pour être la Mère du Sauveur, a commencé dès lors à la rendre participante de sa divine paternité envers son Fils Jésus et ses vrais membres qui sont les chrétiens; et ce même Fils, vivant dans le cœur de sa très sainte Mère, a imprimé en elle une participation de l'amour infini qu'il a pour nous. Quoique cette aimable Enfant ne sût pas qu'elle était destinée par Dieu à être notre Mère, néanmoins elle était remplie pour nous d'un amour maternel, tendre et ardent. C'est par cet amour qu'elle commence à nous porter dans son sein maternel. C'est par cet amour encore que, plus tard, elle nous enfantera au Calvaire, dans d'inexprimables douleurs. C'est par ce même amour que chaque jour nous nous asseyons à la table de son divin Fils et à la sienne, où elle nous fait un festin magnifique de sa propre chair et de son propre sang, « puisque, selon saint Augustin, la chair et le sang de Jésus sont la chair et le sang de Marie. » C'est par cet amour, enfin, qu'elle nous porte et nous portera continuellement dans son cœur avec son divin Fils.

Quel amour, en échange, ne devons-nous pas avoir pour cette petite Enfant, notre Mère, notre souveraine Maîtresse, notre Reine et notre douce Impératrice ! Que notre amour soit effectif par l'étude de ses vertus et par les moyens en notre pouvoir d'honorer sa très sainte Enfance.

CHAPITRE II

DES VERTUS PRINCIPALES DE LA SAINTE ENFANCE DE MARIE

Quand on est sur le point d'entreprendre une affaire de grande importance, on examine d'abord l'affaire en elle-même, on étudie son utilité, et l'on met de son côté tous les moyens de réussite.

Ainsi, dans ce chapitre, nous méditerons d'abord sur la sublimité des vertus de la très sainte Vierge Enfant.

Nous nous arrêterons ensuite à les considérer plus particulièrement, et, toujours en suivant le Bienheureux Jean Eudes, nous développerons les douze principales vertus de la sainte Enfance de Marie.

Cette méditation rapide nous inspirera le désir de marcher sur les pas de notre Reine, c'est-à-dire de retracer de tout notre pouvoir ses aimables vertus.

§ I

De la sublimité des vertus de la très sainte Vierge dans sa sainte Enfance.

La dignité de Mère de Dieu relève infiniment, il est vrai, la très sainte Vierge au-dessus des plus pures créatures ; mais il n'est pas moins vrai, dit saint Justin martyr, que les vertus par lesquelles Marie a mérité d'être Mère de Dieu la rendent en quelque sorte plus heureuse et plus glorieuse que le privilège de sa divine maternité : *Beatior fuit ob virtutem quam habuit, propter quam meruit esse Mater Dei, quam ob ipsam Matris Dei dignitatem.* (I Quæst. 136 ad orthod.)

Quelles sont ces vertus ?

Ce sont toutes les vertus chrétiennes, infuses en son âme avec la grâce sanctifiante, dès l'instant de son immaculée Conception. Dès ce moment, elles prennent un tel accroissement en cette divine Enfant, qu'elle les possède toutes avec une perfection à laquelle aucune créature ne peut atteindre.

Le bienheureux Jean Eudes appuie son sentiment sur celui du Docteur angélique. « La différence qu'il y a, dit-il à ce sujet, entre la bienheureuse Vierge et les saints, c'est que chaque saint excelle en quelque vertu ; mais la Reine des saints les possède toutes en un souverain degré. »

Pour cette raison, saint Jean Damascène nomme Marie « la maison et le palais de toutes les vertus : *virtutum omnium domicilium* » (De fide orthod., lib. IV, cap. XV).

C'est en la très sainte Vierge Marie, la première, que nous voyons éclater merveilleusement la virginité, l'humilité, l'amour de la pauvreté, la charité pour les ennemis et les autres vertus. De là vient que le Saint-Esprit lui décerne ce magnifique témoignage, quand il la déclare « *initium viarum Domini,* le commencement des voies du Seigneur ».

J'ose dire plus, continue le Bienheureux, car j'avance, avec plusieurs saints docteurs, que la moindre des vertus de notre aimable Enfant rend plus de gloire à Dieu et lui est plus agréable que les vertus de tous les saints ensemble, parce que, comme nous l'avons fait voir plus haut, elle exerce les plus petits actes de vertu avec un amour et une grâce incomparables.

Ainsi, allant plus loin, il ne craint pas d'affirmer avec saint Jérôme que, « comme il n'y a pas de bonté et de sainteté comparables à celle de Dieu, il n'y a point aussi de vertu et de perfection, si éminente qu'elle soit, comparable à celle de notre Vierge immaculée. »

De ce fait, saint Grégoire de Néocésarée, saint Jean Damascène et saint Eutychien, patriarche de Constantinople, ont dit de Marie, Mère de Dieu, ce que l'Église chante de Notre-Seigneur : « *Tu sola sancta, tu sola pura, sola casta, sola humilis* : Vous seule êtes sainte, vous seule êtes pure, vous seule êtes chaste, vous seule êtes humble. »

Saint Anselme ajoute : « Les vertus de Marie nous donnent un exemple qui a je ne sais quoi de plus doux, de plus humain et de plus conforme à notre faiblesse que les vertus de son Fils, parce que la grandeur de Jésus et l'éclat de sa divinité nous éblouissent, tandis que la douceur et la suavité de Marie nous attirent et nous encouragent à les imiter. »

Et maintenant considérons les douze principales vertus pratiquées par notre sainte Enfant.

§ II

Les douze principales vertus de la sainte Enfance de la bienheureuse Vierge.

Comme douze merveilleuses étoiles, elles brillent autour de notre jeune Vierge, ces vertus que nul en ce monde ne peut posséder à un pareil degré : son innocence et sa simplicité, son humilité, son obéissance, sa patience, son amour envers Dieu, sa charité pour le prochain, son mépris d'elle-même et du monde, son profond dégagement de toutes choses, sa pureté virginale, son silence, sa douceur et sa mansuétude, enfin sa modestie, charme céleste encadrant cette divine petite Enfant.

« Ainsi, écrit le Bienheureux Eudes, le Fils de Dieu a voulu que sa très digne Mère passât par l'état et la petitesse de l'enfance, pour nous donner en elle comme l'exemplaire et la règle de vie que nous devons tous suivre. » Son sentiment est conforme à celui de notre Sauveur : « Si vous ne vous convertissez et ne devenez semblables à de petits enfants, vous n'entrerez pas dans le royaume des cieux. » Mais admirons en détail chacune des vertus de notre très douce Reine.

1° *Son innocence.* — Une personne innocente ignore ce que c'est que pécher et ne sait en rien nuire au prochain. Or la très immaculée Vierge, ayant été conçue sans péché, est née et a vécu jusqu'à son dernier soupir dans une parfaite innocence. Elle seule a toujours été exempte de toutes fautes, car la toute-puissante bonté de Dieu, selon plusieurs saints docteurs, l'a placée, dès le premier instant de sa vie, dans l'heureuse impuissance de pécher. Les trois moyens dont il a plu au Très-Haut de se servir pour atteindre cette fin sont : d'abord, cette faveur très singulière qu'il lui fit d'éloigner d'elle tous les périls et toutes les occasions extérieures de péchés, tant par sa protection immédiate que par celle de ces milliers d'anges qui l'accompagnaient. Ces esprits célestes la protégeaient, en effet, très soigneusement, comme il était convenable d'agir envers Celle qui serait la Mère du Saint des saints.

Le second moyen fut cette grande lumière intérieure dont Dieu éclaira l'esprit de Marie. La sainte Vierge voyait ainsi très nettement les plus petits atomes d'imperfection et les moindres périls d'y tomber ; elle pouvait donc vaincre le péché de toute manière, selon ce mot de saint Augustin : *Ad vincendum omni ex parte peccatum* (Lib. de natura et gratia).

Enfin, le troisième moyen fut le feu sacré du divin amour dont la divine Majesté lui fit don. Ce feu céleste possédait et embrasait tellement son cœur, qu'elle était dans un continuel exercice de charité et d'adoration, d'où l'impuissance morale absolue qu'avait sa volonté d'adhérer à aucune faute, si petite et si légère fût-elle.

2° *Sa simplicité.* — La simplicité chrétienne est une vertu si agréable à Dieu, que l'Esprit-Saint nous enseigne qu'il prend ses délices dans ceux qui marchent simplement : *Voluntas ejus in iis qui simpliciter ambulant.*

C'est une vertu qui détruit la multiplicité des désirs, des desseins, des paroles, des actions et des affections, en sorte qu'une âme vraiment simple n'a qu'un désir, une seule et unique prétention : plaire à Dieu en toutes choses.

C'est une vertu qui modère la langue et nous porte à éviter la multiplicité des paroles. Elle règle également les actions et retranche celles qui sont inutiles, qui dissipent l'esprit et distraient le cœur de Celui qui doit être l'adorable objet de nos pensées et de nos affections.

La simplicité, continue notre Bienheureux, hait cette curiosité qui excite l'esprit humain à voir, à entendre et à savoir les choses dont la connaissance n'est pas nécessaire pour nous rendre meilleurs et plus agréables à Dieu.

Cette vertu fait marcher droit l'âme qui s'y applique ; aussi ne s'écarte-t-elle jamais du chemin de la candeur, de la franchise et de la sincérité.

Enfin, elle se plaît dans les choses simples et peu recherchées, soit pour la nourriture, l'habillement, soit pour ce qui est nécessaire à la vie quotidienne, ayant horreur de tout ce qui est vanité, superfluité, légèreté, mensonge, duplicité, déguisements et artifices de paroles.

Notre admirable Enfant a possédé cette vertu en un souverain degré ; nous en jugeons par ces paroles que le Saint-Esprit lui applique : « *Oculi tui columbarum* : Vos yeux sont des yeux de colombe ; » et personne mieux qu'elle n'a justifié ce désir de son divin Fils : « Soyez simples comme la colombe. »

3° *L'humilité de Marie Enfant.* — Notre Dieu a un amour de prédilection pour l'humilité, et, par suite, une horreur singulière pour l'orgueil, l'ambition et la présomption. En voici les raisons principales :

Le Seigneur aime la vérité parce qu'il est la vérité essentielle : de même il chérit l'humilité et il a une aversion incompréhensible pour l'orgueil et le mensonge, parce que l'humilité et la vérité sont tout un, comme l'orgueil et le mensonge ne sont qu'une même chose. Qu'est-ce que l'humilité, sinon la juste connaissance de nous-mêmes, dans ce sentiment vrai et profond de notre impuissance au bien et de notre inclination au mal et au péché, dont toutes misères découlent? Qu'est-ce que l'orgueil, sinon une estime désordonnée de nous-mêmes dans l'erreur mensongère d'être ce que nous ne sommes pas? Saint Paul nous le répète : « Celui qui se persuade être quelque chose est un séducteur qui se trompe lui-même, car il n'est rien. »

La seconde raison de l'amour de Dieu pour

l'humilité est qu'elle nous fait rendre à Dieu l'honneur et la gloire qui lui sont dus. Sa divine Majesté est la justice même, et, par conséquent, elle hait l'injustice, qui est l'ennemie de tout ce qui est juste, comme elle aime l'humilité, qui fait les délices de la justice et de la vérité. L'humilité est en effet un acte de justice qui honore sa justice souveraine, tandis que l'orgueil s'attribue vainement ce qui appartient au Très-Haut et lui dérobe en quelque sorte sa gloire.

Et voici tout naturellement la troisième raison de l'amour de Dieu pour cette vertu : L'humilité, quand elle est animée de l'esprit de religion, renvoie au Seigneur l'honneur et la gloire de toutes choses. L'orgueil, par contre, se met en la place de Dieu et veut même s'élever au-dessus de lui, lorsqu'il fait passer ses intérêts, ses satisfactions, sa volonté et sa gloire avant la volonté et la gloire de cet adorable Maître. C'est une idolâtrie que Dieu a souverainement en horreur.

Étudions maintenant l'humilité profonde du cœur de notre sainte Enfant :

La lumière divine qui remplissait l'âme de Marie, dès le moment de sa conception, lui faisait voir clairement qu'étant fille d'Adam, elle aurait contracté la coulpe originelle, si Dieu ne l'en avait préservée, et par conséquent qu'elle eût été capable de tous les péchés dont la faute originelle est la source. Elle a donc pratiqué l'humilité, dès le premier instant de son existence, faisant remonter au Très-Haut l'origine de ses faveurs et des dons de grâce et de nature qu'elle en avait reçus. Estimant qu'elle aurait pu ne pas être ce que Dieu l'avait faite, elle lui rapportait toutes choses, d'autant plus humble qu'elle était plus privilégiée, d'autant plus petite à ses propres yeux qu'elle était plus grande parmi les créatures, en sorte que son humilité se nourrissait continuellement des nouvelles faveurs qu'elle recevait.

Jamais cette sainte Enfant ne s'est préférée à personne, mais elle s'est toujours abaissée au-dessous de tous et regardée comme la dernière des créatures, se montrant heureuse qu'on la traitât comme telle.

Et c'est ainsi que, pratiquant l'humilité dans un degré suréminent, elle a vaincu le démon du mensonge et de l'orgueil.

4° *Son obéissance.* — Dieu nous ayant mis au monde pour faire sa sainte volonté, nous devons aimer cette adorable volonté comme notre principe et notre fin dernière; par conséquent, nous devons la considérer comme notre souverain bien et notre centre, le repos de notre esprit, la paix de notre cœur et notre parfaite félicité.

Au contraire, notre volonté propre doit être regardée et haïe comme l'ennemie de la volonté de Dieu. Nous devons la traiter, ainsi que le dit saint Bernard, comme une lionne très cruelle qui ne cherche qu'à donner la mort à nos âmes. Il va même plus loin quand il ajoute : *Ipsum, quantum in se est, Deum perimit.* Elle est la source de l'enfer, sans laquelle il n'y aurait point d'enfer, et la mère de toutes les abominations de la terre.

Notre bienheureuse Enfant nous est le plus aimable modèle d'obéissance. Dès le commencement de sa vie, elle renonça entièrement à sa volonté, bien qu'elle ne fût ni corrompue ni dépravée par le péché, comme la nôtre. Marie s'attacha tellement alors à la volonté divine que, jamais depuis, elle ne s'en sépara, mettant son contentement et sa joie à la suivre en tout, avec une pleine soumission et une adhésion parfaite.

Non seulement elle obéit à Dieu de toute la force de sa volonté, mais elle donna à ceux qui le représentaient près d'elle toutes les marques de l'obéissance la plus admirable. Ainsi, elle fut très fidèle à observer les commandements et jusqu'aux moindres prescriptions de la loi. Elle honorait ses saints parents et ses supérieurs par une soumission simple et filiale ; leur voix était pour elle celle de Dieu. Elle était fort aise, dit notre Bienheureux, d'être sous la conduite d'autrui, et jamais elle n'a contristé les personnes qui la gouvernaient. Elle était disposée à obéir, selon Dieu et pour lui, à toutes sortes de personnes, suivant ces saintes paroles : *Subjecti estote omni humanæ creaturæ propter Deum.*

Comme il n'y a jamais eu d'humilité si profonde en aucune créature, ainsi n'y eut-il jamais d'obéissance si parfaite, si ponctuelle, si prompte et si joyeuse. En résumé, cette sainte petite Enfant n'avait point d'autre joie et d'autre bonheur que de suivre en tout et partout la très aimable volonté de Dieu, manifestée par ceux qui lui tenaient sa place.

5° *Sa patience.* — Personne, après Notre-Seigneur, n'a autant souffert que notre céleste Reine. Quelle âme a connu autant de travaux, d'angoisses, d'opprobres et de persécutions! Aussi jamais vit-on une patience égale à celle qu'elle pratiqua dans le cours de sa petite enfance. Ayant dès lors la connaissance de la venue du Sauveur en ce monde, des tourments atroces qu'il devait endurer et de la mort très cruelle qu'il subirait pour nos péchés, elle en ressentit une douleur inconcevable, qui lui fournit une très ample matière d'exercer sa patience.

Notre immaculée Vierge, par le fait de sa sainteté unique et merveilleuse, avait mille occasions de ressentir plus douloureusement les fautes, imperfections et défauts du prochain; les cœurs sensibles et délicats savent, par leur propre expérience, combien certains contacts peuvent être pénibles et devenir une souffrance aiguë, quand ils se prolongent sans se modifier. Combien donc cette céleste Enfant a-t-elle dû souffrir et pratiquer la vertu de la patience pour supporter le côté vulgaire de ceux qui pouvaient l'approcher, leur ignorance des choses de Dieu, leurs pensées et leurs vues terrestres!

Chacun de nous pourra méditer plus longuement sur ce sujet, afin que de tels exemples nous encouragent au milieu de nos épreuves.

6° *Son amour de Dieu.* — Notre douce Enfant n'a jamais aimé que Dieu, et cet amour, dès son enfance, a surpassé celui de tous les anges et de tous les saints réunis. Elle aurait préféré être anéantie plutôt que de donner à aucune créature la moindre étincelle de l'amour qu'elle devait au Créateur. Elle a tout fait, tout quitté, tout sacrifié, tout entrepris pour cet amour. Elle n'a jamais eu d'autre volonté que celle de Dieu, et, comme le Père éternel appelle son divin Fils « l'Homme de sa volonté », il peut aussi nommer justement Marie « la Vierge de sa volonté », car sa divine volonté a toujours régné parfaitement en elle.

Pas un moment de sa vie Marie Enfant n'a vécu sans exercer les actes du plus sublime amour. Son cœur était comme une fournaise ardente dont les vives flammes s'élançaient jusqu'au sein de l'adorable Trinité, attirant le Fils de Dieu dans ses chastes entrailles.

7° De son amour de Dieu découle naturellement *sa charité envers le prochain.*

Dieu, ayant choisi la Bienheureuse Vierge Marie pour être dès le premier instant de sa vie la véritable Ève, Reine et Mère de tous les vivants, lui donna dès lors une charité universelle pour tous les hommes. Cette charité a été aussi grande que la grâce sanctifiante infuse en son âme. Les théologiens affirment, en effet, que la grâce et la charité ne sont qu'une même chose. Aussi notre admirable Enfant, ayant eu, dès l'aurore de sa vie, plus de grâce que tous les saints, fut aussi plus remplie de charité. Et, comme sa grâce augmentait de moment en moment, sa charité s'élevait à proportion, de telle sorte qu'après les premières années de sa sainte Enfance, elle était déjà arrivée à un si haut degré, que Dieu seul peut le comprendre.

Il faut aussi considérer, avec le Bienheureux Eudes, que le Père éternel, ayant choisi cette glorieuse Vierge, dès sa conception, pour lui communiquer sa divine paternité et la rendre Mère de son Fils Jésus et Mère de tous les hommes, la rendit dès lors participante de son amour paternel. Bien qu'elle ignorât encore qu'elle devait être la Mère du Rédempteur et de tous les chrétiens, néanmoins son cœur était embrasé d'un amour très ardent envers cet adorable Sauveur, et enflammé d'une charité très vive envers tous ceux qu'il allait racheter. Cette charité était donc proportionnée à la dignité infinie de Mère de Dieu, qu'elle devait recevoir un jour, et à celle de Mère des enfants de Dieu. Ce fut elle qui lui inspira de demander au Très-Haut avec tant d'instances la venue du Rédempteur, qu'elle mérita, selon plusieurs théologiens, d'avancer le temps de l'Incarnation. Ce fut elle aussi qui, jointe à son humilité et à sa pureté virginale, la disposa au rôle de la maternité divine.

Quelles actions de grâces nos cœurs lui doivent, et quelles louanges diront notre reconnaissance à Celui qui est tout charité!

8° Dès sa plus tendre enfance, la très sainte Vierge montra le *plus parfait dégagement du monde* et *le plus absolu mépris d'elle-même, de ses satisfactions, de ses intérêts*. Bien mieux que saint Paul, elle pouvait dire : « *Omnia arbitror ut stercora* : Je regarde tout ce qui est dans le monde comme de la boue. »

Encore si jeune, déjà elle était admirablement morte à elle-même, à ses volontés et à ses inclinations, à son propre esprit et à son amour-propre, non seulement dans les choses corporelles, mais aussi dans les spirituelles.

La plus belle leçon qu'elle nous en donne est sa consécration à Dieu dans le temple de Jérusalem dès l'âge de trois ans. Dans un âge aussi tendre, le sacrifice imposé à la nature était héroïque et surhumain. Quel enfant consentirait d'elle-même à se séparer de parents aussi saints, aussi sages et aussi bons que Joachim et Anne? Et c'est pourtant ce que fait Marie. Personne mieux qu'elle ne connaît les lois et les douceurs du culte filial ; mais elle sait aussi que le Seigneur la réclame, bien qu'elle chérisse ses parents comme jamais fille n'aima les siens. Par ses prières à Dieu, elle les dispose au sacrifice, et lorsque le temps en sera arrivé, forte et vaillante, elle réclamera l'assistance de leur tendresse pour la conduire au temple sacré. Aussi pourrait-on se demander qui l'on doit le plus admirer dans ce spectacle touchant : ou des illustres parents d'une telle Vierge, ou de l'Enfant bénie et virginale, à qui ses pas ne semblent pas assez rapides pour accomplir l'ordre de Dieu.

9° *La pureté virginale* de Marie a surpassé celle de tous les saints. Il est facile de le comprendre : l'Immaculée ne pouvait produire que des fleurs célestes ; le lis de Dieu devait embaumer les cieux et la terre. Selon plusieurs saints docteurs, la très sainte Enfant fit vœu de virginité dès le premier instant de sa vie. Ils vont même plus loin, et ils assurent que, si on lui eût proposé d'être Mère de Dieu en cessant d'être vierge, ou de rester vierge en n'étant pas Mère de Dieu, elle eût préféré la virginité à la divine maternité. C'est ce que fait entendre sa réponse à l'archange Gabriel : « *Quomodo fiet istud?* Comment cela se fera-t-il ? » Marie avait pénétré depuis longtemps dans les secrets de la Divinité, et elle savait que plus l'âme veut s'approcher de Dieu, qui est un pur esprit, plus elle doit vivre comme n'étant pas de la terre, dans une chasteté digne de lui, pleinement maîtresse de ses sens tant intérieurs qu'extérieurs, les faisant tous servir uniquement à son honneur et à sa gloire.

O Vierge Enfant, lis éclatant de pureté, obtenez aux petits enfants de vous ressembler.

10° Notre si douce Reine a été animée, dès son enfance, du même Esprit qui devait posséder et conduire Celui dont elle serait la Mère. Dès lors elle commença à pratiquer ce que cet Esprit divin devait enseigner à tous les fidèles par la bouche de l'Apôtre saint Paul : « Ayez en vous les sentiments de Jésus-Christ. » Aussi a-t-elle aimé ce qu'il devait aimer, et détesté ce qu'il devait haïr, et c'est pourquoi elle a singulièrement affectionné *le silence*.

Dans aucun livre saint vous ne trouverez citée une seule parole prononcée par Marie pendant son enfance. La première dont nous ayons connaissance s'est fait entendre au moment où allait s'accomplir le mystère de l'Incarnation. Aucun de ses entretiens, soit avec ses vertueux parents, soit au Temple, ne nous est rapporté; et, dans la seconde période de sa vie, sept paroles de Marie seulement sont conservées dans le saint Évangile.

Nous pourrions donc dire de cette douce Vierge ce que le Bienheureux Eudes a écrit de Notre-Seigneur : elle a passé presque toute sa vie dans le silence, 1° pour nous apprendre que Dieu est particulièrement glorifié par la pratique de cette vertu ; 2° pour réparer les fautes dont les hommes se rendent coupables par leurs paroles; 3° pour nous obtenir la grâce de faire un bon usage de la langue.

Et cependant ne serait-il pas juste de penser qu'après son divin Fils c'était à Marie à nous enseigner? Si donc elle ne l'a pas fait, c'est qu'elle connaissait la grande beauté et les avantages du silence, puisque, pouvant nous instruire de si saintes choses, elle a, aux yeux de tous, préféré le silence, surtout en son jeune âge.

11° Après Jésus vit-on jamais plus de *douceur et de bonté* qu'en Marie? Aussi le Saint-Esprit, son Époux, a-t-il pu lui dire : « Vos lèvres ne distillent que miel et suavité. »

De même que la très sainte Vierge est la créature la plus puissante après Dieu le Père, parce que ce Père adorable lui a donné, dans sa maternité divine, part à sa puissance infinie; de même que, après le Fils de Dieu, elle est la personne la plus éclairée et la plus excellente en toutes sciences, parce que le Verbe divin l'a rendue participante de sa sagesse immense; de même elle est, après l'Esprit-Saint, la plus douce et la plus bénigne qui soit en l'univers, par suite de l'effusion très abondante d'ineffable douceur qu'il versa dans son cœur virginal.

Aussi jamais on n'a vu et jamais on ne verra rien sur la terre, après Jésus, de plus affable, de plus gracieux, de plus miséricordieux que cette aimable Enfant.

Sa très douce bénignité s'étendait non pas seulement à ses amis, mais elle se faisait sentir même aux indifférents; bien plus, elle atteignait ses plus cruels ennemis, qui étaient ceux de notre Sauveur. En effet, dès sa plus tendre enfance elle sut, par la lecture des Prophètes et la révélation du ciel, que le Messie serait persécuté, crucifié par les Juifs perfides, et qu'il subirait des tourments effroyables. Loin de demander à Dieu de punir ces misérables, la très douce Vierge, animée de cet esprit de miséricordieuse bonté, fit pour ces malheureux la même prière que Jésus devait adresser pour eux à son Père du haut de sa croix : *Pater, dimitte illis, non enim sciunt quid faciunt.*

La sainte Église a bien raison de le chanter, ô charmante et divine Enfant : *Inter omnes mitis; o benigna, o clemens, o pia, ô dulcis Virgo Maria!*

12° Contemplons enfin *la modestie angélique* de la petite Marie, dit le Bienheureux Jean Eudes. Jamais il n'en fut de semblable après celle de Jésus. A regarder son port et son maintien, à l'entendre parler, à considérer ses gestes et sa composition extérieure, soit quand elle était debout, soit lorsqu'elle était assise, soit quand elle travaillait, pendant son sommeil ou ses repas, pendant ses conversations avec le prochain ou quand elle priait Dieu, ne diriez-vous pas que vous contemplez un ange visible ou la modestie même incarnée? Regardez son visage angélique, ses yeux purs et candides, la simplicité de ses vêtements, la sainteté de tous ses mouvements, et voyez si elle n'est pas mille fois admirable!

Mais d'où venait cette modestie de notre divine Enfant? De trois causes, répond notre bienheureux Auteur :

1° De sa pudeur virginale, qui se répandait sur tout son corps et sur ses traits si doux;

2° De ce qu'elle marchait toujours en la présence de Dieu, lui demeurant continuellement unie d'esprit, de cœur, de pensée et d'affection;

3º De ce que le Saint-Esprit la possédait entièrement, réglait en elle toutes ses actions et imprimait dans tout son être l'image vivante et parfaite de la modestie adorable de Celui dont elle devait être la Mère.

En effet, la très sainte Vierge révéla un jour à sainte Brigitte que son divin Fils était doué d'une beauté, d'une douceur et d'une modestie si charmantes, que les Juifs, lorsqu'ils étaient dans l'affliction, se disaient les uns aux autres : « Allons voir le Fils de Marie; sa vue nous consolera. »

Demandons à notre Reine Enfant de nous donner part à ce fruit de l'Esprit-Saint et félicitons-la, d'un cœur plein d'allégresse, d'être notre Souveraine dans toutes les vertus surnaturelles, les grâces de l'esprit et les beautés corporelles.

§ III

L'imitation des vertus de la sainte Enfant.

Il nous est doux de le dire avec saint Ambroise : « Que la vie de cette admirable Vierge soit donc notre école de sainteté et notre règle de perfection. »

Voulons-nous être du nombre de ses disciples et de ses amis? Conformons notre vie et nos mœurs à cet aimable modèle. Efforçons-nous de marcher dans la voie qu'elle nous a tracée en sa bienheureuse enfance, par une soigneuse et fidèle imitation.

1° Pour imiter Marie dans son *innocence*, craignons le péché, fuyons plus que la mort les moindres ombres du mal ; vivons de telle sorte qu'on puisse dire de nous en toute vérité que, comme Marie, nous ne savons ce que c'est que de nuire à autrui, et ainsi nous deviendrons véritablement purs et innocents. Soyons résolus à nous garder de tout ce qui peut offenser Dieu, notre prochain et notre âme; et c'est pourquoi appliquons-nous à l'exercice du divin amour, car plus nous aimerons Dieu, plus son amour éloignera notre volonté du péché. Prions le cœur de Marie Enfant de nous communiquer un peu de ce feu sacré qui l'embrasait, et dont l'ardeur détruise nos fautes pour nous revêtir d'innocence.

. . . .

2° Entrons dans un grand désir d'acquérir la *simplicité* de Marie. Quand son Fils Jésus prononçait ces paroles : « Soyez simples comme des colombes : *Estote simplices sicut columbæ,* » il nous avait présents, il nous portait dans son esprit et dans son cœur; il avait le désir très ardent de nous voir armés de cette sainte vertu pour la gloire de son Père et le salut de notre âme.

Examinons les fautes que nous avons faites par la multiplicité de nos desseins, de nos désirs et de nos affections, par l'excès de nos paroles, la recherche de nos actions; par la curiosité de nos yeux, de nos oreilles et de notre esprit; par nos déguisements et nos mensonges. Voyons aussi, aux pieds de notre divine petite Marie, l'aversion que nous ressentons pour les choses simples, vêtement, nourriture, ameublement, etc., l'inclination que nous avons pour les vanités du siècle, et constatons combien nous sommes en toutes choses opposés à l'esprit de la bienheureuse Enfant, dont les goûts et la manière d'agir étaient si simples, si modérés et si sages.

Demandons à Dieu, par Marie, le pardon de ces fautes, et prenons la résolution de retrancher en nous tout ce qui serait contraire à la simplicité chrétienne, afin que nous puissions justifier ce mot de l'Apôtre des nations : « C'est notre gloire que le témoignage de notre conscience ne nous reproche pas d'avoir conversé en ce monde selon les maximes de la sagesse de la chair, mais dans la simplicité du cœur et la vérité de Dieu. »

3° La pratique de l'*humilité*, nous enseigne le Bienheureux Eudes, n'est pas de conseil et de perfection seulement, mais de commandement et d'obligation. Notre-Seigneur lui-même le déclare : « Si nous ne devenons semblables à de petits enfants, nous n'entrerons jamais dans le royaume des cieux. »

Considérons, d'un côté, les merveilles qu'a produites l'humilité de notre douce Enfant, qui attira jusqu'à elle le Verbe de Dieu ; de l'autre, voyons les châtiments terribles que Dieu réserve aux anges apostats, aux hommes superbes.

Pour parvenir à cette sainte vertu, passons en revue nos pensées, nos sentiments, nos paroles, nos actions. Voyons quelle estime nous avons de nous-mêmes, de quelle manière nous recevons les avertissements, les humiliations et les mépris, les honneurs ou les louanges. Aimons-nous à entendre parler avantageusement de nous et des nôtres? N'agissons-nous pas quelquefois par un secret motif d'envie? Sommes-nous obéissants à ceux qui nous gouvernent, et ne nous préférons-nous pas aux autres?

Humilions-nous ensuite aux pieds de notre Reine Enfant; demandons-lui de nous obtenir le pardon de son divin Fils, et promettons de justifier ces paroles de l'Esprit-Saint : *Humilia te in omnibus, et coram Deo invenies gratiam, quoniam ab humilibus honoratur* : « Humiliez-vous, et vous trouverez grâce devant Dieu, car l'humilité lui rend honneur. »

4° Le salut de notre âme, le paradis de notre cœur, notre souverain bonheur consistent à suivre en tout la très sainte volonté de Dieu. Imitons donc notre divine Enfant en sa parfaite *obéissance*. L'obéissance que nous rendons à nos supérieurs s'adresse directement à Dieu, et l'âme obéissante accomplit toujours l'adorable volonté.

Mais, pour obéir, il nous faut nécessairement renoncer à notre volonté propre, la volonté divine étant en opposition avec la propre volonté, qui, depuis le péché originel, est pervertie, corrompue et mauvaise.

Pour nous exciter à la combattre, regardons-la donc comme l'ennemie jurée de notre salut, la mère du péché, ainsi que l'appelle le Bienheureux Eudes, et, par conséquent, la source de tous les maux et de tous les malheurs de la terre et de l'enfer. Nous devons en avoir une grande frayeur, et la haïr plus que tous les démons, car la propre volonté est un serpent que nous portons dans nos entrailles.

Travaillez donc, continue notre Bienheureux, à écraser ce monstre en imitant l'obéissance de notre aimable Enfant. Gravez dans votre cœur cette vérité infaillible : la bénédiction de Dieu accompagne partout l'obéissance, et sa malédiction est inséparable de la désobéissance. Tâchez d'imiter de si près Jésus et Marie, que le Père Éternel puisse vous appeler après son divin Fils « l'homme de sa volonté, *virum voluntatis meæ* ».

5° Si nous avons le désir de suivre la royale Enfant dans la sainte voie de la *patience*, travaillons énergiquement à dompter notre colère, nos chagrins, nos impatiences dans les accidents fâcheux qui arrivent souvent dans cette vie. Prenons toutes choses avec calme, avec esprit de foi, comme venant de la main de Dieu, et les souffrant patiemment comme permises par lui, pour un bien que nous saurons un jour.

Qui n'aurait honte de se plaindre de ses souffrances, en considérant les douleurs de la très sainte Vierge? Un mal inévitable ne peut être adouci que par la prière et la résignation chrétienne.

6° Pour imiter Marie Enfant dans son *amour envers Dieu*, bannissons de notre cœur l'amour désordonné de nous-mêmes, l'amour des créatures et l'amour du monde.

Nous ne sommes au monde que pour aimer Dieu ; son amour est le vrai centre de notre cœur. En lui nous trouvons le repos, la paix et la félicité parfaites. Hors de là, tout n'est que trouble, amertume, angoisse, tribulation, enfer. Donnez tout votre cœur à Celui qui vous le demande depuis si longtemps. Soyez fidèle à tous les devoirs et obligations de votre état, faites chaque chose avec perfection et de grand cœur, pour l'amour de Celui qui est tout cœur et tout amour envers vous : *corde magno et animo volenti* (II Mach., I, 3).

D'ailleurs, le chemin de l'amour n'est-il pas le plus aisé de tous? S'il y a labeur, l'amour le porte joyeusement.

Recourons donc à notre céleste Reine Enfant, qui est déjà la Mère du bel amour et de la sainte dilection.

7° Comme en Marie, que *notre charité envers le prochain* découle de notre amour pour Dieu. Ce sera facile si nous mettons en pratique ces paroles de l'Esprit-Saint : « Sur toutes choses, ayez continuellement en vous une vraie charité les uns envers les autres. » Et celles-ci : « Soyez pleins de douceur envers toutes sortes de personnes » (Tit., III, 2). Saint Paul nous trace, dans sa première épître aux Corinthiens, le plus beau portrait de la charité : « Elle est patiente, dit-il, elle est bénigne, elle souffre tout, elle espère tout; elle n'est point jalouse, ni envieuse, ni superbe, ni ambitieuse; elle ne recherche point son propre intérêt, elle ne se met pas en colère; elle ne pense ni ne juge mal de personne. » Le précepte formel du Sauveur est le couronnement de ces pressantes invitations : « C'est ici mon commandement, que vous vous aimiez les uns les autres, comme je vous ai aimés » (Jean, ch. XV, 12).

N'est-ce pas un bonheur des plus doux, pour un fidèle serviteur de la très sainte Vierge, que de chercher à continuer sur la terre son apostolat béni de paix et de charité?

Le véritable ami de Marie Enfant trouvera dans son propre cœur des trésors de bonté pour soulager les misères d'autrui et coopérer, pour sa modeste part, au salut des âmes.

8° Celui qui veut suivre notre divine Vierge dans son *détachement de toutes choses* doit se rappeler que le Fils de Dieu lui-même a dit qu'il n'était point du monde. Par conséquent, il doit se dégager du monde et de ses vanités, et graver dans son âme ces paroles que notre Sauveur répétait la veille de sa mort en parlant de ses apôtres : « Ils ne sont point du monde, comme je ne suis point du monde : *De mundo non sunt, sicut et ego non sum de mundo* » (Jean, XVII, 16).

Le disciple bien-aimé, l'écho du Cœur divin,

nous le répète à son tour : « N'aimez pas le monde, ni les choses qui sont dans le monde. Quiconque aime le monde ne peut aimer Dieu ni en être aimé, et quiconque veut être ami de ce monde ne peut être ami de Dieu. »

Si vous désirez imiter l'abnégation de cette aimable Enfant, votre modèle, il faut, ajoute le Bienheureux Eudes, mettre en pratique cette maxime de son divin Fils : « Quiconque veut venir après moi, qu'il renonce à soi-même, qu'il porte sa croix et qu'il me suive. ».

Quand on travaille pour l'éternité, tout passe vite, souffrance, douleur ou joie.

Celui dont les désirs sont déjà dans le ciel méprise les vanités de ce monde, ses séductions et ses charmes trompeurs. Notre admirable petite Enfant nous est un parfait modèle de ce dégagement de tout le créé : marchons sur ses traces.

9° Pour honorer la *pureté* de notre immaculée Reine, craignons son ennemi, qui est le plus horrible de tous les vices, et fuyons plus que la mort tout ce qui peut ternir cette sainte vertu dans nos pensées, nos paroles, nos actions, ou en quelque manière que ce soit.

Faisons un pacte avec nos yeux, afin qu'ils ne s'arrêtent jamais sur ce qui pourrait blesser tant soit peu cette belle vertu. Rappelons-nous que plus l'âme est pure, plus elle s'approche de Dieu, plus elle goûte l'Eucharistie ; mieux aussi elle comprend les choses divines, en saisit l'intelligence, et devient apte à exercer un bien réel par ce charme qui découle d'une âme vierge et d'un cœur fidèle à Dieu. Nous nous rapprocherons ainsi de notre angélique modèle, la Vierge, qui, dès son berceau, répandait autour d'elle le parfum délicieux d'un beau lis en fleur.

10° Méditons attentivement ces paroles de l'apôtre saint Jacques : « La langue est un abîme d'iniquité » (Jacq., III, 6). Elle est, en effet, la source des blasphèmes, des calomnies, des médisances, des faux témoignages, des tromperies, des paroles injurieuses, et d'une infinité d'autres péchés. C'est pourquoi Dieu aime tant *le silence*, qui préserve l'âme de ces péchés et de tous les maux qu'ils entraînent à leur suite. Par le même grand Apôtre, l'Esprit-Saint nous enseigne que « celui-là est arrivé au plus haut point de la perfection, qui ne pèche pas en paroles » (Jacq., III, 2).

Or, cette sentence s'applique admirablement à notre Reine petite enfant.

Par amour pour elle, abstenons-nous non seulement des péchés de la langue, mais sacrifions-lui parfois quelques bonnes paroles. « Je me suis tu, dit le prophète, et je me suis abstenu de dire même de bonnes choses. » Si Notre-Seigneur et sa très sainte Mère se sont abstenus de dire tant de choses si bonnes et si saintes qu'elles eussent émerveillé le monde, combien, à plus forte raison, ne devons-nous pas estimer et affectionner un silence qu'ils ont voulu si bien garder !

Un grand nombre de saints ont passé leur vie entière dans la solitude; la plupart des ordres religieux ont basé leur règle sur ce culte du silence; ne voudrons-nous pas, à leur exemple, désirer d'imiter notre divine Enfant dans la pratique de cette vertu?

Puis, avant de parler, prions Marie de nous aider à faire un saint usage de notre langue.

Souvenons-nous enfin que nous aurons à répondre, au jour du jugement, de toutes les paroles oiseuses que nous aurons dites.

11° Si *la douceur et la mansuétude* de notre sainte Enfant vous charment et vous ravissent le cœur, écoutez-la vous dire comme son divin Fils : « Bienheureux les doux, parce qu'ils posséderont la terre; apprenez de moi que je suis douce et humble de cœur, que mon esprit est plus doux que le miel; » et, comme ses lèvres si pures ne distillent que le miel, demandez-lui de vous faire participant de cette céleste vertu.

La douceur témoigne d'un grand empire sur soi-même, d'une humilité réelle, d'une basse opinion de sa propre personne, d'une estime sincère du prochain, dans lequel on envisage seulement l'image de Dieu et non les qualités ou défauts.

« Une parole douce et bonne brise la colère, disent les Proverbes, et une parole dure excite la fureur. » L'Ecclésiaste ajoute : « Un langage doux et gracieux augmente le nombre des amis et adoucit l'aigreur des ennemis » (Eccl., VI, 1).

Celui qui sait posséder son âme peut pratiquer éminemment la vertu de douceur, que Jésus et Marie nous ont apportée comme une fleur du ciel.

Marie, petite Enfant, nous aidera à l'acquérir si nous sommes fervents à l'en prier.

12° Représentons-nous souvent *la modestie* angélique de notre petite Reine Marie Enfant, afin de la reproduire en nous-mêmes. Est-il quelque chose de plus aimable et qui puisse mieux nous donner le désir de l'imiter? Si la simple réserve mondaine a des charmes, combien plus grands sont ceux d'une âme éprise de la modestie de notre ravissante Enfant, et fervente à faire croître cette vertu dans son cœur!

Dans l'office de la bienheureuse Vierge, la sainte Église lui met ces paroles sur les lèvres: « Parceque j'étais petite, j'ai plu au Très-Haut. » Retenons-les, et rappelons-nous, en terminant ce chapitre, que la simplicité, l'humilité, la modestie sont des armes toutes-puissantes pour combattre l'esprit du mal, et attirer sur nous le regard miséricordieux de notre Dieu, qui s'arrête avec amour sur le cœur humble et doux.

Enfin, pour obtenir une véritable et sincère volonté d'imprimer en nous une image des admirables vertus de la sainte Enfance de Marie, que nous venons de méditer, employons les trois moyens que nous indique le Bienheureux Eudes : la prière, la mortification, la vigilance; car la vraie vertu ne s'obtient qu'avec beaucoup de persévérance, de travail et un recours fréquent à Dieu. La très sainte Vierge déclara elle-même à sainte Élisabeth de Hongrie qu'aucune grâce n'est donnée à l'âme chrétienne que par l'oraison et la mortification tant du corps que de l'esprit.

Nous verrons au chapitre suivant les douze moyens donnés par le Bienheureux Jean Eudes pour honorer la Mère de Dieu dans sa très sainte Enfance.

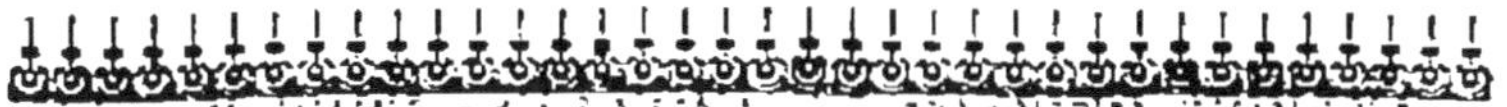

CHAPITRE III

DES MOYENS D'HONORER LA BIENHEUREUSE VIERGE MARIE DANS SON ENFANCE

Après ce que nous venons de lire sur les excellences et les vertus de notre incomparable Enfant, ne nous sentons-nous pas obligés à une dévotion très particulière envers elle? Ne nous semble-t-il pas juste d'employer tous les moyens possibles pour la faire aimer et honorer? Le Bienheureux Eudes nous en enseigne douze, en nous assurant qu'ils seront pleins de bénédictions pour ceux qui en feront usage.

Premier moyen. — Exhorter nos proches, nos amis, les fidèles, ceux qui travaillent au salut des âmes, à ne perdre aucune occasion de faire connaître la dévotion à la sainte Enfance de Marie; en particulier, les prédicateurs à réserver quelques-uns de leurs sermons à la méditation de ce mystère. Le Bienheureux leur promet de prier pour eux et de leur obtenir du ciel, quand il y sera rendu, quelque grâce particulière. Il espère fermement qu'après avoir bien parlé de Marie, ils auront la vie éternelle comme récompense, selon ces paroles : *Qui elucidant me vitam æternam habebunt.*

Second moyen. — Imprimer dans le cœur des enfants, surtout des petites filles, une singulière affection pour la petite et tout aimable Marie. Notre Bienheureux exhorte à ce devoir les parents, les maîtres et maîtresses d'école, leur recommandant de porter les enfants à consacrer leur jeunesse, et plus tard toute leur vie, à cette divine Reine.

Troisième moyen. — Vêtir tous les ans une ou plusieurs petites filles pour l'amour de la céleste Enfant. En indiquant cette pratique, le Bienheureux Eudes va encore plus loin : il conseille vivement à ceux qui le peuvent, de fournir entièrement ces enfants de vêtements, de les nourrir, de les élever dans la crainte de Dieu et la dévotion à leur divine Protectrice. Ceux qui feront cette charité, ajoute-t-il, peuvent être assurés que Marie Enfant l'aura pour très agréable et comme faite à elle-même.

Quatrième moyen. — Jeûner ou faire abstinence la veille des principales fêtes de la sainte Enfance de Marie : l'Immaculée Conception, la Nativité, la Présentation.

Cinquième moyen. — Consacrer à honorer la divine Enfance de Marie tout le temps qui s'écoule depuis sa Nativité jusqu'au 8 octobre. Se souvenir particulièrement que la sainte Vierge recommanda un jour à sainte Mechtilde de réciter, dans l'octave de la Nativité, autant de fois la Salutation angélique que cette douce Enfant a passé de jours dans les bénies entrailles de sa mère sainte Anne. On peut, dit le Bienheureux

Eudes, réciter chaque jour de l'octave trente-cinq *Ave Maria*, ce qui donne comme total le nombre de jours pendant lesquels Marie est restée dans le sein de sa mère. Sainte Gertrude, de son côté, nous assure que la très sainte Vierge a promis des joies très spéciales dans le ciel aux âmes qui s'adonneraient à cette pratique.

Sixième moyen. — Pendant le temps consacré à honorer la sainte Enfance de Marie, réciter chaque jour soit les Litanies, soit le Petit Office, et faire une aumône corporelle ou spirituelle à une petite fille.

Septième moyen. — Dédier le huitième jour de chaque mois en l'honneur de l'aimable Enfant Marie, parce qu'elle a été conçue le 8 décembre et qu'elle est née le 8 septembre. Communier ce jour-là pour l'honorer et faire quelque action de piété ou de vertu.

Huitième moyen. — De même qu'on honore le divin Enfant Jésus par la récitation d'un petit chapelet spécial, en réciter un, du même genre, en l'honneur de Marie Enfant. On pourrait dire, par exemple, trois *Pater* et douze *Ave Maria*. Le premier *Pater* en l'honneur de ces deux admirables Enfants Jésus et Marie, pour s'unir à la gloire qu'ils ont rendue à la très sainte Trinité dans leur enfance, et demander participation à leur esprit. Le second *Pater*, en l'honneur de Marie et de Joseph, pour s'unir à tous les hommages et services qu'ils ont rendus au divin Enfant Jésus. Le troisième *Pater*, en l'honneur de saint Joachim et de sainte Anne, pour s'unir à tout l'amour qu'ils ont porté à leur bienheureuse Enfant, et à toutes les louanges qu'ils lui donneront dans le ciel.

Les douze *Ave Maria* de ce chapelet se disent en l'honneur des douze vertus que ces deux incomparables Enfants ont pratiquées dans le temps de leur enfance; et pour les prier de nous rendre participants de ces mêmes vertus : innocence, simplicité, humilité, obéissance, patience, amour de Dieu, amour du prochain, dégagement du monde et de soi-même, pureté divine, silence, bonté et mansuétude, modestie; — un *Ave Maria* pour chaque vertu.

Neuvième moyen. — Dire ou faire célébrer une messe en l'honneur de la très sainte Enfance de Marie, pour remercier l'adorable Trinité de toutes les grâces qu'elle a accordées à cette merveilleuse Enfant, et la supplier de nous faire participer à ses vertus. Faire célébrer une messe à l'une des trois fêtes principales de Marie Enfant.

Dixième moyen. — Avoir une dévotion spéciale à saint Joachim et à sainte Anne. Les féliciter aux fêtes de la Conception immaculée de leur sainte Fille, de sa Nativité, de l'imposition de son nom béni et de sa Présentation. Nourrir aussi un culte de reconnaissance envers saint Gabriel, l'ange gardien de Marie.

Onzième moyen. — Avoir une forte et inébranlable volonté d'imiter cette bienheureuse Enfant, car en cela consiste la vraie dévotion qu'on a pour elle. « La souveraine et parfaite dévotion, dit saint Augustin, est d'imiter ce que nous honorons. »

Douzième moyen. — Méditer les mystères, excellences et vertus de cette sainte Enfance.

Outre ces moyens d'honorer la Vierge Enfant indiqués par notre saint auteur, il en est bien d'autres encore inspirés aux âmes par leur piété et leur propre dévotion. Ils peuvent se multiplier à l'infini, et rien de beau et de touchant comme la variété de ces hommages spontanés, que Marie Enfant accueille avec bienveillance et récompense libéralement. Nous mentionnerons seulement les suivants : Se faire inscrire dans sa confrérie; porter la médaille de la SS. Bambina; faire avec ferveur la neuvaine qui précède la fête de la Nativité de Marie; consacrer le mois de septembre à la Vierge Enfant; visiter ses oratoires publics; y faire brûler des lampes; inaugurer sa statue dans les églises, chapelles, etc.; propager son culte en répandant des opuscules, prières, médailles, etc.

Mais ce n'est pas assez, dit encore le Bienheureux Eudes, d'employer divers moyens d'honorer Marie Enfant; l'important est de s'en servir uniquement pour plaire à Notre-Seigneur et à sa très sainte Mère. Il conclut par cette ardente prière :

« O très aimable Enfant, je vous proteste que je veux être tout à vous et vous servir de tout mon cœur, honorant votre sainte Enfance de toutes les manières qu'il me sera possible, moyennant la grâce de votre Fils. Mais je veux le faire de telle sorte que, quand il n'y aurait ni paradis ni enfer, et que je n'attendrais de vous aucune grâce ou récompense, je ne laisserais pas néanmoins de chercher et d'employer tous les moyens imaginables de vous honorer et de vous plaire, pour la seule gloire de votre Fils et pour l'amour de vous.

CHAPITRE IV

SENTIMENTS DE DIVERS SAINTS PERSONNAGES DU XVIIe SIÈCLE SUR LES MYSTÈRES DE LA NAISSANCE ET DE L'ENFANCE ADMIRABLE DE LA MÈRE DE DIEU

Le XVIIe siècle, illustré par les vertus, les œuvres et les écrits merveilleux du Bienheureux Eudes, pourrait s'appeler le siècle de Marie Enfant. A cette époque, nous voyons, en effet, se grouper autour du saint berceau de Marie un Joseph de Cupertino, un vénérable M. Olier, une bienheureuse fille de sainte Thérèse, Marie des Anges, une âme séraphique telle que la vénérable Marie d'Agréda. Ainsi l'Italie et l'Espagne s'unissent à la France pour louer et exalter la Vierge Enfant. Les trois grandes nations catholiques demandent à saint Joachim et à sa vertueuse épouse le secret de leur vie céleste avec leur Fille bénie.

Suivons un peu nos saints mystiques : à les entendre notre cœur s'attendrira. Devant tant de grâces et de beautés divines, notre volonté saura plus aisément *bien* vouloir, et imiter de loin le plus aimable des modèles : Marie Enfant, notre Reine.

Saint Joseph de Cupertino (des Conventuels de Saint-François) est bien justement célèbre par son amour pour la Madone. Il l'appelait naïvement « Mamma mia ». La Vierge du couvent de La Grottella le voit presque continuellement ravi en extase. Pour donner une idée de l'esprit de foi de ce grand saint, nous raconterons ce simple trait. Un jour, tandis qu'il offre à Marie des fleurs et des fruits, la Reine du ciel lui fait entendre qu'elle n'en veut pas davantage. « Alors, dit-il filialement, que voulez-vous? » Et Marie de répondre : « Je veux ton cœur, parce que je n'aime que les cœurs. » Dans sa dévotion à sa céleste Mère, il songe à l'honorer petite Enfant, et rend ses pieux hommages à une statue de cire qui la représente au berceau. A Assise, on expose parfois à la vénération cette précieuse statue, dite *la Bambinella*. Elle est emmaillotée et ravissante de beauté. Nous tenons ce fait de pieux pèlerins qui ont été admis à baiser la sainte image.

Parmi les *Lettres spirituelles* du fondateur de Saint-Sulpice, M. Olier, nous en remarquons trois ayant trait aux mystères de la Naissance et de la sainte Enfance de Marie. Nous ne pouvons résister au désir de les citer, au moins en partie ; elles sont une gloire bien douce pour celui qui les écrivit. Ces extraits charmeront le cœur de notre céleste Enfant, et réjouiront les âmes formées au sacerdoce par les vaillants fils de cet homme de Dieu. On lit dans la Lettre XXX :

« La très sainte Vierge, qui me fait toujours quelque grâce au jour de ses fêtes, m'a beaucoup favorisé en celle de sa très sainte Nativité. J'ai été si fortement occupé de ses grandeurs que, durant toute son octave, je n'ai pu avoir d'autre pensée, et je ne trouve encore rien qui me console autant dans mes peines que cette vue. Je vis en esprit la très sainte Trinité regardant ce chef-d'œuvre admirable de ses mains, la très sainte Vierge naissante, et je remarquais la grande complaisance qu'elle trouvait à la contempler. Je me réjouissais de voir ces divines personnes prendre plaisir en Marie, et je voyais que cette sainte Enfant avait été seule le premier objet de leur parfait contentement depuis le commencement du monde. Depuis la chute d'Adam, en effet, elle était l'unique créature qui eût donné à Dieu pleine satisfaction, parce que, tous les hommes étant nés dans le péché, elle seule avait été sans tache et avait paru parfaite en sa beauté... De Marie, Dieu reçoit plus de joie qu'il n'a reçu de déplaisir et d'offense de tous les hommes ensemble : elle est, en un mot, les plus chères délices de Dieu.

« Cette complaisance d'un Dieu aussi sage qu'adorable pour une simple créature, continue M. Olier, me paraissait une chose admirable, mais ne me surprenait pas, sachant que cette créature était l'ouvrage excellent de ses mains et le chef-d'œuvre de son amour. Je voyais alors qu'il fallait concevoir la grandeur des perfections de la sainte Vierge par la grandeur de l'amour que le Père éternel portait à son Fils bien-aimé, et que, comme cet amour était infini et n'avait pas de bornes dans l'étendue des biens qu'il lui désirait, il lui avait aussi fait don d'une Mère aux perfections incomparables. Ainsi, Dieu mettait en elle tout ce qu'il savait devoir contribuer à la rendre parfaite et digne de porter son Verbe, lequel, sortant du sein de son Père, devait trouver, hors de lui, un autre sein et une demeure dignes de le recevoir.

« Je voyais donc Marie, dès sa Nativité, toute remplie du Saint-Esprit, et les opérations de ce divin Esprit, agissant en elle en toute plénitude. Je considérais cette sainte âme s'offrant à Dieu le Père, dès le moment de sa naissance, et offrant avec elle toute l'Église, dont elle devait un jour être la Mère, de telle sorte que nous étions sanctifiés et dédiés à Dieu par l'offrande qu'elle avait faite d'elle-même, en tout ce qu'elle était et serait à jamais. A la faveur de cette lumière, il me semblait que nous devrions ratifier cette offrande, nous vouer à Dieu comme elle s'y était vouée elle-même, et nous consacrer à lui aussi fidèlement et inviolablement qu'elle l'avait fait pour elle et pour nous.

« Quel doux présent pour Dieu que celui d'un cœur si amoureux et si vaste, contenant plus d'amour à lui seul que tous les séraphins, et lui rendant plus de gloire que ne le font tous les anges ensemble! En effet, Marie présente à Dieu son âme, qui non seulement pèse plus au poids du sanctuaire que toutes les hiérarchies, mais qui contient encore Jésus et son Église... C'est donc avec grande raison que l'Église, aux jours de la Conception et de la Naissance de la très sainte Vierge, chante le psaume *Fundamenta ejus in montibus sanctis*. Les premiers sentiments et les prémices de la vie de Marie sont élevés au-dessus des plus hautes montagnes, c'est-à-dire au-dessus des apôtres, qui représentent les âmes les plus parfaites et les plus éminentes de l'Église, et il ne faut pas s'en étonner, puisque les commencements de cette Vierge bénie sont plus sublimes que les perfections achevées et la consommation des plus grands saints... *Gloriosa dicta sunt de te, civitas Dei*. Marie, vraie demeure de Dieu, qui comprenez en vous toute l'Église, on ne saura jamais exprimer la gloire et la grandeur de votre âme. Vous êtes, aux yeux de Dieu, si aimable et si désirable, que quiconque vous connaîtra et voudra suivre vos attraits, si pécheur soit-il, doit attendre la miséricorde... Si l'on a recours à vous, et si on se soumet à votre puissance, le péché sera bientôt oublié. *Memor ero Rahab et Babylonis scientium me.*

« Au moment de sa conception et de sa naissance, continue M. Olier, Marie offre à Dieu toute l'Église ; elle lui présente avec elle toute l'étendue des nations. Il les accepte avec ses vœux et son offrande : *Ecce alienigenæ et Tyrus et populus Æthiopum, hi fuerunt illic.* Aussi, Dieu remplira le cœur des nations d'amour et de vénération pour elle... Tous les grands du monde lui rendront honneur; tous les fidèles conserveront en leurs cœurs l'obligation de la reconnaissance qu'ils lui doivent pour avoir pris soin d'eux, alors qu'ils n'étaient pas même encore de ce monde. Ce jour de sa naissance est donc une source de joie universelle pour tous les chrétiens. »

Dans la lettre LXXXVIII, le vénéré fondateur de Saint-Sulpice donne les conseils suivants pour honorer la Nativité de la très sainte Mère de Dieu :

« Vous pourrez avoir chez vous, dit-il, un oratoire où vous mettriez, non pas une crèche, mais un berceau ou une petite couchette, dans laquelle reposerait la sainte Vierge nouvellement née ; elle aurait à ses côtés saint Joachim et sainte Anne, et son petit berceau serait entouré d'anges ravis d'admiration devant ce chef-d'œuvre de l'amour et de la sagesse de Dieu. Vous iriez là tous les jours lui rendre vos devoirs et la prier pendant le temps où l'on fête ce mystère jusqu'à la solennité de sa Conception. Vous lui feriez présent de quelque offrande, surtout de vous-même, vous donnant à elle et vous dépouillant au pied de son berceau de tout ce qui est indigne d'elle.

« *C'est à Dieu,* nous dit notre pieux auteur, *à destiner aux mystères les adorateurs qu'il lui plaît,* et c'est à nous à recevoir ses ordres avec tout le respect et la soumission dus à sa souveraine Majesté...

« Vous verrez comment ce mystère de la Nativité de Notre-Dame est une préparation admirable à la sainte naissance de Jésus-Christ.

« Oh ! que cette divine Enfance de Marie est peu connue, peu aimée, et pourtant combien elle mérite l'admiration et le respect d'un million de mondes et d'esprits bienheureux ! Puisque la vraie charité se porte aux œuvres délaissées, et que la véritable religion va au respect des mystères oubliés, sacrifions nos vies au respect et à l'amour de celui-ci (l'Enfance très sainte de Marie), et je vous assure qu'un jour la Mère du bel amour saura bien nous le rendre. L'esprit d'enfance dont parle l'Évangile, et qui est si nécessaire pour entrer dans le royaume de Dieu, est tellement rare dans l'Église, qu'on ne le peut assez déplorer, et peut-être cela vient-il d'un manque d'amour et de respect envers l'Enfance de Jésus-Christ et envers celle de sa sainte Mère. C'est une bénédiction sans pareille d'y être attiré par la miséricorde de Dieu, et d'avoir pour ces saints mystères une dévotion spéciale...

« Je cherchais depuis longtemps, écrit-il encore, un moyen de m'attacher à la piété de sainte Anne et de saint Joachim... Je vous prie, dans vos visites intérieures ou extérieures au saint berceau de leur enfant bénie, de vous unir le plus intimement que vous pourrez aux sentiments de ces grands saints. »

Enfin, dans sa dernière lettre sur la Nativité de la très sainte Vierge, le pieux fondateur loue particulièrement une âme qui s'était renouvelée dans la grâce et la vie divine en ce saint jour. Il lui dit en lui parlant de la très sainte Vierge : « J'avais bien cru que votre cœur serait un de ceux que Marie choisirait pour naître spirituellement et pour vous faire sentir les mouvements principaux de sa vie. O vie admirable! mais vie cachée et inconnue aux anges et aux hommes! ô bonheur incompréhensible que celui que nous donne la participation à cette vie! »

En quittant M. Olier, nous ouvrons la vie de la Bienheureuse Marie des Anges, carmélite déchaussée à Turin (1661-1717). D'une famille illustre selon le monde, elle regardait comme sa gloire la plus chère sa proche parenté avec l'angélique saint Louis de Gonzague. Elle aussi s'éprend des charmes de la virginale Enfant, future Mère du Verbe fait chair. Deux fois elle est favorisée de visions célestes au jour de sa Nativité, et elle compose en son honneur une neuvaine marquée d'un cachet d'originalité et respirant la plus sainte ferveur. Nous n'en citerons que quelques fragments[1] :

1er *jour*. — Aujourd'hui je m'efforcerai de

[1] *Vie de la Bienheureuse Marie des Anges*, par le Révérend Père Sernin-Marie de Saint-André, carme déchaussé, Provincial de la province d'Avignon, pages 338, 339.

préparer mon cœur pour servir de berceau à Marie, et de l'orner par conséquent de tout ce qui plaît aux yeux de cette auguste Reine. Dans ce but je lui ferai neuf fois l'offrande de mon cœur. (La Bienheureuse indique ici d'y joindre des mortifications corporelles.)

5e *jour.* — Je m'efforcerai de ne m'entretenir qu'avec cette divine Enfant, parce qu'elle n'exauce et n'écoute que le langage silencieux de l'amour.

8e *jour.* — Je préparerai une couverture pour la divine Enfant : je couvrirai les manquements du prochain et j'exercerai à son égard quelques actes de charité spirituelle, etc.

La Vénérable Marie d'Agréda (1608-1665), dans sa *Cité mystique de Dieu*, consacre de longs chapitres à dépeindre ce que la sainte Mère de Dieu lui révéla sur les mystères de son Enfance. Sans donner à ses écrits plus d'autorité qu'il ne convient, nous leur ferons cependant quelques emprunts de nature à nourrir la piété du lecteur.

Au chapitre XV, livre Ier, 1re partie, elle s'exprime ainsi : « Quand ils se marièrent, sainte Anne avait vingt-quatre ans, et saint Joachim quarante-six. Vingt années se passèrent sans qu'ils eussent d'enfants; sainte Anne avait donc, au moment de la conception de sa fille, quarante-quatre ans, et saint Joachim soixante-six ans. La conception de Marie eut lieu selon l'ordre commun; mais la vertu du

Très-Haut la préserva de ce qui aurait pu s'y trouver d'imparfait et de désordonné, en n'y laissant que les conditions nécessaires de la nature, afin que le corps le plus excellent qui ait jamais appartenu à une simple créature fût formé sans la moindre imperfection... La nature et la grâce concoururent donc en cette conception de Marie : la nature, au degré rigoureusement nécessaire; la grâce, d'une façon surabondante et suffisante pour absorber la nature sans toutefois l'annihiler, mais en la relevant, en la perfectionnant d'une manière miraculeuse, afin qu'on reconnût que la grâce ne se servait de la nature qu'autant qu'il le fallait pour donner à cette merveilleuse Vierge des parents naturels. »

Le chapitre XX du même livre relate les épreuves que sainte Anne eut à subir de la part des hommes et des esprits malins, pendant les neuf mois qui précédèrent la naissance de son Enfant bénie. Enfin, le beau jour de la Nativité de Marie vint réjouir le monde entier. Elle naquit toute pure, sans souillure, belle et pleine de grâces. « Cette divine étoile vint briller vers minuit, pour commencer à diviser la nuit de l'ancienne loi du nouveau jour de la grâce, qui allait bientôt paraître. On enveloppa la bienheureuse Enfant de ses langes, nous dit la Vénérable Marie d'Agréda, et cette petite créature, qui avait toutes ses pensées et tous ses désirs en la Divinité, fut emmaillotée et traitée à l'instar des autres enfants, quoiqu'elle surpassât en sagesse les hommes et les anges. Sa mère ne voulut point permettre que d'autres mains que les siennes s'employassent à son habillement. Elle-même en prit tout le soin possible sans être nullement embarrassée, parce qu'elle fut affranchie des incommodités que les autres mères payent à la nature.

« Sainte Anne, ajoute Marie d'Agréda, consulta le Seigneur sur la manière dont elle devait se conduire envers sa Fille bénie. Il lui fut répondu de traiter cette divine créature, en ce qui concernait l'extérieur, comme une mère sa fille, sans lui témoigner aucun respect apparent, sauf à la vénérer en son cœur de toute la puissance de sa tendresse maternelle, puis de s'occuper de son éducation avec toute la sollicitude de la mère la plus dévouée et la plus affectueuse. L'heureuse mère s'acquitta de ses devoirs, et, usant de ses droits sur sa fille sans manquer à l'honneur qui lui était dû, elle s'égayait avec elle, la traitait et la caressait à la manière des autres mères; mais elle lui montrait néanmoins toujours des égards et une certaine discrétion qu'exigeait le mystère si caché et si divin qu'elle seule connaissait. »

En effet, les révélations de Marie d'Agréda concordent avec le sentiment de très sérieux auteurs, qui croient que sainte Anne avait été instruite par Dieu de la haute dignité à laquelle sa sainte fille était réservée. « Huit jours après la naissance de l'auguste Reine, continue-t-elle, plusieurs légions d'anges descendirent du ciel, apportant le nom de Marie gravé sur leurs boucliers resplendissants. Ils se montrèrent à cette grande sainte et lui dirent que le nom de sa fille était Marie; la divine Providence le lui avait choisi, et voulait qu'elle et Joachim le lui donnassent sans différer. Les saints époux y adhérèrent dans des sentiments de joie particulière. »

Au chapitre XXII, Marie d'Agréda s'exprime ainsi au sujet des occupations de notre aimable Vierge : « Notre auguste et jeune Reine était traitée comme les autres enfants de son âge. Sa nourriture était commune et d'ailleurs très frugale. Elle usait de même, avec sobriété, du sommeil, auquel il fallait la provoquer. Elle ne se laissa jamais aller aux petits chagrins qui font pleurer les autres enfants; ses larmes étaient douces et paisibles, et, si elle pleurait, c'était sur les péchés du monde, pour en obtenir le remède par la venue du Rédempteur des hommes. Son air était doux et affable, empreint néanmoins d'une certaine gravité; on y découvrait une rare majesté sans qu'il y eût jamais rien de puéril... De son côté, la prudente et vénérable Anne entourait sa fille d'une sollicitude incomparable, et son père Joachim lui prodiguait une affection aussi tendre que sainte... La Reine Enfant se montrait en toutes choses reconnaissante et étonnamment parfaite. Bien que, dans son enfance, elle fût soumise aux lois communes de la nature, la grâce chez elle n'en fut jamais entravée; puisque, alors même qu'elle dormait, les opérations intérieures de l'amour et les effets de la grâce ne présentaient jamais en elle la moindre interruption. Lorsqu'elle se trouvait seule, ou qu'on la mettait dans son petit berceau pour dormir, ce qu'elle ne faisait que sobrement, elle s'entretenait sur les mystères et les merveilles du Très-Haut, avec ses anges, et jouissait des divines communications du Seigneur... »

Marie d'Agréda dépeint, en des pages délicieuses, ces premières occupations de la très pure Vierge Enfant et ses sublimes colloques avec le Roi des cieux (Voir l'instruction de la Reine du ciel, livre Ier, chap. XXII de la 1re partie).

Le chapitre XXV du même livre de la *Cité mystique* est plein d'enseignements précieux. On voit avec quelle sagesse, quelle pondération Marie prononça ses premières paroles, après avoir consulté le Seigneur. Elles s'adressèrent à saint Joachim et à sainte Anne, auxquels elle demanda leur bénédiction, les reconnaissant pour ceux qui, après Dieu, lui avaient donné l'être. Combien doux et célestes durent être ces premiers mots de Marie, et combien fut grand pour ces bienheureux parents le bonheur d'entendre une si divine et si ravissante petite voix! Néanmoins il faut remarquer que l'incomparable Enfant aimait surtout le silence; aussi sa vénérable mère l'appelait-elle souvent et lui ordonnait-elle de parler pour avoir le plaisir de s'entretenir de Dieu avec elle, ce que la divine Reine faisait de bonne grâce, écoutant et interrogeant avec autant de modestie que d'humilité.

« Quand Marie eût deux ans accomplis, poursuit Marie d'Agréda, elle commença son rôle compatissant et charitable auprès des pauvres. Pour eux, elle demandait l'aumône à sa sainte mère, et celle-ci satisfaisait à la fois et les pauvres et sa fille bénie. Marie ne donnait point l'aumône aux malheureux comme si elle leur eût accordé un bienfait par grâce, mais dans cet humble sentiment : « On doit à ce « pauvre ce qu'il n'a pas, tandis que j'ai ce que « je ne mérite pas. » Aussi ne fit-elle jamais la charité à un indigent sans en faire une bien plus grande à son âme en priant pour elle, de telle sorte qu'aucun ne s'éloignait de sa très sainte présence sans être secouru pour l'âme et pour le corps. »

Marie allait bientôt atteindre sa troisième année. Elle voulut alors disposer ses bienheureux parents à accomplir le vœu qu'elle-même avait formé de se consacrer au Tout-Puissant. « Pour préparer l'esprit de sa sainte mère à cette pénible séparation, dit Marie d'Agréda, elle lui rappelait les bienfaits qu'ils avaient reçus de la main du Seigneur, lui représentant combien il était juste de faire ce qui lui était agréable, et l'assurant qu'une fois qu'elle serait vouée à Dieu dans le temple, elle lui appartiendrait plus étroitement que dans sa propre maison.

« En entendant les judicieuses réflexions de sa céleste fille, sainte Anne, toujours décidée à accomplir la promesse qu'elle-même avait aussi faite à Dieu, se soumit de nouveau à la volonté du Seigneur. La grâce et la dignité de sa divine fille lui avaient ravi le cœur; elle aimait et désirait plus sa présence et sa conversation que sa propre vie; mais, fortifiée par la main du Très-Haut, assistée et consolée par Lui, elle acquiesça à tout. Elle en conféra avec son vertueux époux saint Joachim, et ils résolurent d'accomplir avec une grande exactitude la divine volonté, puis fixèrent le jour où ils conduiraient au Temple leur aimable Enfant. »

Nous nous bornerons à ces quelques citations de Marie d'Agréda, une des gloires mariales de la catholique Espagne au XVIIe siècle, ce siècle des amis de la très sainte Vierge naissante.

Laissons maintenant passer le flot révolutionnaire et arrêtons-nous à l'aurore du XIXe siècle.

CHAPITRE V

MARIE ENFANT AU XIXe ET AU XXe SIÈCLE
RAPIDITÉ DE L'EXTENSION DE LA DÉVOTION A SA SAINTE ENFANCE
ÉCRITS DÉDIÉS A MARIE ENFANT

Le XIXe siècle voit la dévotion à Marie Enfant s'épanouir d'une manière merveilleuse.

C'est d'abord en Italie, à Milan, en pleine épopée impériale.

Sous la forme d'une gracieuse enfant emmaillotée de langes, la Vierge toute petite, la *Bambinella*, est déposée soudain sur le lit d'une religieuse du couvent de l'*Annunciata*, atteinte d'une maladie mortelle. La croyance générale est que les anges l'apportèrent du ciel. Ce qu'il y a de certain, c'est que personne ne put savoir par qui ni comment fut fait ce don miraculeux, et que la malade se trouva subitement guérie [1].

Plus tard cette communauté, obligée de se dissoudre, confia la précieuse statuette à un bon prêtre, Dom Louis Bosisio, qui, à son

[1] Voir *Notice sur la dévotion à la très sainte Vierge Marie Enfant*, chez les Dames de Sainte-Thérèse, à Laval (Mayenne).

tour, la légua en mourant aux Sœurs de la Charité, actuellement chargées à Milan de l'hôpital Ciceri. Ces saintes filles reçurent avec joie leur cher trésor et l'honorèrent avec ferveur. De 1876 à 1878, elles l'exposèrent publiquement; puis, on ne sait pourquoi, le culte de la Madonnina venant à se ralentir, la statue fut vénérée seulement à certains jours au noviciat de cette congrégation. On finit même par l'oublier dans sa petite caisse. Mais, le 8 septembre 1884, une religieuse, paralysée à la suite d'un accident, demanda la petite Vierge, la pria et fut aussitôt guérie. Dès lors le culte anciennement rendu à cette sainte effigie reprit un nouvel élan, et, les miracles se multipliant, il atteignit bientôt des proportions extraordinaires.

De 1893 à 1900, Laval devient un centre actif de ce culte béni. Les Carmélites, depuis de longues années, vénéraient la sainte Enfance de Marie, mais ignoraient l'existence de la *Santissima Bambina* de Milan. Une gracieuse image, puis une statue semblable à celle de Milan leur furent envoyées en 1890. Cette statuette charmant le regard et le cœur de ceux qui venaient la contempler, elles demandèrent, avec autorisation, à une maison d'artistes statuaires religieux, à Paris, de copier la *Santissima Bambina* d'Italie, afin de la répandre dans le monde entier. Le projet se réalisa, et la Vierge-Enfant, merveilleusement exécutée, fut trouvée si ravissante, que bientôt ces statues se répandirent en plusieurs endroits. Entre beaucoup d'autres qu'il serait trop long de citer, nommons seulement : en 1895, le sanctuaire de Notre-Dame de Laghet, l'église Sainte-Anne de Jérusalem, Sainte-Anne d'Auray ; et, les années suivantes, la plupart des monastères de la Visitation, de Carmélites, d'Ursulines, de Bernardines, etc. ; plus récemment : l'abbaye Saint-Nicolas de Verneuil, les religieuses de l'Assomption de Nice, Clermont, Privas ; les Clarisses, au Canada, à Mons en Belgique, au Puy, à Poligny ; l'asile Sainte-Marie de Montredon ; les Dominicaines de Notre-Dame de Prouille ; Fort-de-France (la Martinique) ; à Londres, le couvent de Notre-Dame de Sion ; les Trappistines de Rogersville (Canada), etc. etc., sans parler des églises paroissiales, des pensionnats, des chapelles privées ou des maisons particulières, dans lesquels la statue de la Vierge Enfant a été reçue avec un bonheur indicible. Nous pourrions prolonger cette nomenclature ; ces quelques noms peuvent suffire.

Depuis 1900, les Dames de Sainte-Thérèse ont continué à entourer à Laval le berceau de Marie Enfant, à accueillir toutes les demandes de prières qui leur arrivent journellement, et à favoriser de tout leur pouvoir l'extension d'une si chère dévotion.

Nous indiquerons maintenant au pieux lecteur les auteurs principaux qui, dans ce siècle ou au siècle dernier, ont consacré quelques-unes de leurs plus belles pages à la très sainte Vierge Enfant.

En 1824, mourait en odeur de sainteté à Dulmen, en Allemagne, une religieuse Augustine, Anne-Catherine Emmerich, qui a dicté une Vie merveilleuse de la très sainte Vierge. On peut lire, avec grand profit et avec édification, les chapitres consacrés à la petite Enfance de Marie; ils sont beaux et touchants. Cependant nous ne les citerons point dans ce modeste ouvrage. Il nous semble meilleur et plus instructif pour l'ensemble des personnes qui feront usage de notre *Manuel* de leur présenter quelques fragments d'un ouvrage intitulé *Vie de la très sainte Vierge d'après les saintes Écritures et les Pères de l'Église,* par Henri Le Mulier, Paris, 1859. Un aperçu des données de la tradition et des Pères sur les premiers mystères de la vie de la Mère de Dieu, résumé de cet ouvrage, nourrira la piété, excitera l'admiration et réjouira les cœurs dévots à Marie :

Les temps étaient accomplis; l'époque à laquelle Dieu devait racheter le genre humain et renouveler la face de la terre était arrivée; bientôt devait paraître ce nouveau Ciel prédit par les prophètes, cette Vierge concevant et enfantant l'Emmanuel, laquelle devait écraser la tête du serpent. (Saint Jean Damascène, liv. IV, *Fidei orthodoxæ,* cap. v.)

De toute éternité, Dieu avait disposé les choses de telle sorte que la vie devait rentrer dans le monde par une femme seule, comme elle en était sortie, et il choisit Anne et Joachim pour être la souche dont devait sortir la tige du salut.

Joachim, autrement dit Héli, était de Nazareth, ville de Galilée ; il avait pour père Mathat, descendant de Nathan, de la race du roi David, et pour mère Estha, qui, de son premier mari, descendant aussi de David par Salomon, avait eu premièrement Jacob, père de Joseph, qui fut l'époux de Marie, puis Cléophas, père de ceux qui furent appelés les frères du Seigneur.

Anne, de la ville de Bethléem, avait pour père Stolanus, de la race de David, et pour mère Émérentiane, de la même famille. Elle avait une sœur aînée nommée Esmérie, qui, mariée à un prêtre nommé Apranus, fut la mère d'Élisabeth, mère de saint Jean-Baptiste.

Ainsi, Anne et Joachim, appelés à une si glorieuse destinée, étaient ce qu'ils devaient être : d'illustres personnages de l'origine la plus noble, sortant de la race royale et sacerdotale tout ensemble, et comptant parmi leurs ancêtres les patriarches antiques, les rois les plus célèbres, des juges du peuple d'Israël, les plus grands hommes de leur temps.

Ils n'étaient ni riches ni pauvres. Dieu leur accorda cette bénédiction que demandait pour lui le fils de David : « Ne me donnez ni la pauvreté ni les richesses. »

Ils étaient tous deux justes et, non moins que les parents de Jean-Baptiste, si fidèles à garder les commandements de Dieu et toutes ses ordonnances, qu'il n'y avait rien à reprendre dans leur vie.

Enfin ils étaient avancés en âge et n'avaient point encore eu d'enfants, afin que la conception de la Vierge, accordée au monde contre le vœu de la nature et par une grâce spéciale, présentât quelque chose d'extraordinaire et d'excellent, qui rejaillît sur cette Enfant bénie.

Tels furent les parents que Dieu choisit pour sa Mère.

La femme du cœur le plus noble ne pouvait descendre de parents plus illustres; celle qui méprisa tous les biens de la terre, de pères plus puissants; la Mère de la justice éternelle, de juges plus intègres.

Anne et Joachim ne se contentaient pas d'accomplir exactement les prescriptions de la loi; ils faisaient tous leurs efforts pour plaire à Dieu, être agréables aux hommes, et se distinguaient par des actes d'un mérite éclatant.

Ils faisaient trois parts de leurs biens, consacrant la première au Temple et au culte divin, la seconde aux voyageurs et aux pauvres, la troisième à satisfaire à leurs propres besoins. Ils se montraient ainsi pieux envers Dieu, charitables envers le prochain, modérés envers eux-mêmes.

De plus, ils s'appliquaient assidûment à la pratique des bonnes œuvres et surtout à l'oraison, suppliant le Seigneur de vouloir bien éloigner d'eux l'opprobre de la stérilité. Car Anne était stérile, et ils auraient dû depuis longtemps renoncer à tout espoir de postérité ; mais il n'en était point ainsi. Mettant toute leur espérance en Dieu seul, chaque jour ils redoublaient de ferveur, et conjuraient le Seigneur avec soupirs et avec larmes de vouloir bien leur accorder un fruit de leur union.

Ainsi donc, Anne et Joachim n'avaient point d'enfants, et ce leur était un sujet incessant de chagrin et d'humiliation, surtout lorsqu'il leur fallait paraître au Temple pour accomplir les préceptes de la loi; car, chez les Hébreux, la stérilité était regardée non seulement comme une honte, mais encore comme un signe de la malédiction de Dieu.

Or il arriva qu'au mois de novembre, tous les deux étant à Jérusalem pour célébrer la fête des Encénies, ainsi qu'il était prescrit, le grand prêtre Isachar aperçut Joachim au milieu d'un groupe de ses concitoyens, le méprisa et rejeta son offrande : « Comment, lui dit-il, vous que le Seigneur a marqué du signe de sa réprobation, en vous frappant de stérilité, osez-vous vous mêler aux enfants d'Israël? Retirez-vous, et, lorsque Dieu vous aura délivré de cet opprobre, vous vous présenterez au Temple. »

Joachim, couvert de confusion, se retira donc, et Anne partagea cette humiliation avec lui; mais ils ne perdirent pas pour cela l'espérance. Ils redoublèrent de ferveur dans leurs prières, de sévérité dans leurs jeûnes, d'ardeur dans la pratique des bonnes œuvres ; ils renouvelèrent d'une manière plus solennelle le vœu qu'ils avaient déjà fait au Seigneur, à l'exemple de la mère de Samuel, de lui consacrer entièrement l'enfant qu'il voudrait bien leur accorder, et, pour que rien ne pût mettre empêchement à l'accomplissement des pratiques pieuses auxquelles ils se livraient, Joachim se retira dans la montagne, près des pasteurs qui gardaient ses troupeaux, et Anne s'enferma dans le fond de ses jardins.

Déjà, depuis quelque temps, Joachim, ainsi retiré dans la solitude, versait des larmes abondantes, lorsque, un jour qu'il était en la présence de Dieu, un ange lui apparut, entouré d'une immense clarté, et lui dit : « Joachim, ne craignez point, et que ma vue ne soit pas pour vous un sujet de trouble; je suis l'ange du Seigneur, envoyé pour vous annoncer que vos bonnes œuvres sont montées jusqu'en sa présence et que vos prières sont exaucées. Anne concevra, et sa stérilité féconde montrera aux yeux de tous que l'enfant qui va naître d'elle est un don du Seigneur et non point le fruit des désirs de la chair. Sara, la mère de votre peuple, avait plus de quatre-vingts ans lorsqu'elle enfanta Isaac, à qui la bénédiction des nations avait été promise. De même, Anne, dans sa vieillesse, mettra au monde une fille que vous appellerez Marie; car telle est la volonté de Dieu. Dès le sein de sa Mère, Marie sera remplie du Saint-Esprit. Vous la consacrerez au Seigneur, ainsi que vous le lui avez promis ; et, quand le temps sera venu, cette Vierge incomparable, née de la stérilité, mettra au monde, par un miracle plus incompréhensible encore, un Fils qui sera le Fils du Très-Haut et s'appellera Jésus ; et, afin que vous ne doutiez point de la vérité de mes paroles, retournez à Jérusalem, et, en arrivant à la Porte d'Or, vous y rencontrerez, venant au-devant de vous, Anne votre épouse, que votre vue remplira de joie. »

A ces mots, l'ange, se retirant de Joachim, vint se présenter à Anne et lui dit : « Anne, ne craignez pas : ceci n'est point une illusion ; je suis l'ange chargé par le Seigneur de porter en sa présence vos prières et vos aumônes ; il m'a envoyé pour vous annoncer que vos vœux sont exaucés. Vous enfanterez une fille et vous la nommerez Marie ; bénie par-dessus toutes les femmes, elle sera pleine de grâce dès sa naissance ; vous la nourrirez de votre propre lait ; mais dès qu'elle n'aura plus besoin du sein maternel, vous la consacrerez à Dieu, ainsi que vous le lui avez promis, et la présenterez au Temple, dont elle ne sortira plus que lorsqu'elle sera en âge de prendre un époux. Levez-vous donc et allez à Jérusalem, et, au lieu qu'on appelle la Porte d'Or, vous trouverez Joachim, dont l'absence vous inquiète, et, lorsque vous aurez rencontré votre époux, vous saurez que tout ce que je vous dis est la vérité. »

Anne sortit donc de sa demeure, et, ayant rencontré Joachim au lieu que l'ange avait dit, les deux époux, pleins de joie et d'espérance, revinrent dans leur maison; et la très sainte Vierge fut conçue le huitième jour du mois de décembre, quinze ans avant la naissance de notre divin Sauveur.

Dans ces extraits, nous omettons les textes merveilleux des Pères de l'Église et des saints docteurs en faveur de la doctrine de l'Immaculée Conception, non pourtant encore définie comme dogme à cette époque. Nous nous réservons de traiter en appendice ce glorieux privilège de Marie.

Continuons à citer notre auteur. Il aime à laisser parler saint Jean Damascène :

Enfin, le temps nécessaire à la nature pour accomplir son œuvre étant écoulé, arriva l'époque à laquelle le fruit sacré de la grâce, renfermé dans le sein d'Anne, devait voir le jour, et la Vierge des vierges vint au monde, à Nazareth, le huitième jour de septembre, au milieu des bêlements des agneaux et des chants de joie des pasteurs, au lieu même où l'ange avait apporté à Joachim l'heureuse nouvelle de son immaculée conception.

Au moment même le Seigneur confia la sainte Enfant à la garde spéciale de Gabriel, l'un des anges les plus puissants de tous les esprits qui sont toujours présents devant sa face. Et, à l'époque fixée par l'usage, ses parents lui donnèrent le nom que Dieu lui-même avait choisi de toute éternité, le nom de Marie, qui désignait tout ce que cette Vierge bénie devait être.

Combien ce jour où Marie vint au monde l'emporte sur ce premier des jours où Dieu dit : « Que la lumière soit ! » Qu'était, en effet, cette lumière qui devait éclairer les animaux aussi bien que les esprits intelligents, le mal aussi bien que la vertu ? Qu'était cette lumière toute matérielle à côté de la lumière qui apparut lorsque Marie, véritable aurore du salut, précédant le Soleil de justice, sortit du sein de sa mère dans toute son incomparable beauté ! lumière toute spirituelle, destinée à frapper les yeux de l'intelligence, lumière qui apparaît d'autant plus brillante à ceux qui la considèrent qu'ils sont plus purs et plus saints. . . .

Digne mère de Marie, Anne ne la confia point à des mains étrangères et voulut la nourrir de son propre lait. Elle aimait son enfant d'un amour extrême, et cependant pensait sans chagrin au vœu par lequel elle s'était engagée. Souvent elle en parlait à son époux, et ces saints personnages, se rappelant les paroles de l'ange, ne considéraient leur fille que comme un don du ciel fait à la terre, comme un dépôt sacré qui leur avait été confié pour un temps et qu'ils devaient au plus tôt remettre entre les mains du Seigneur.

Quand Anne et Joachim reconnurent qu'il était temps de tenir la promesse qu'ils avaient faite à Dieu, ils convinrent de l'accomplir à la prochaine fête, qui était celle des Encénies.

Ils se hâtent de conduire au Temple leur unique enfant pour l'offrir au Seigneur, comme ils le lui ont promis; ils mettent d'autant plus d'empressement à venir présenter leur offrande qu'ils sont plus purs et plus saints.

Et cependant ils sont avancés en âge; les glaces de la vieillesse pèsent déjà sur leurs têtes; ils n'ont obtenu cette enfant si chère qu'à force de larmes et de prières, et ne peuvent plus espérer aucune autre postérité. Mais la piété triomphe dans leur âme de tout mouvement de la nature; ils ne veulent pas retenir pour eux ce qui est saint et n'ont que plus de joie à l'offrir au Saint des saints, qui seul en est digne.

A leur sacrifice veulent assister leurs parents, leurs voisins, leurs amis; ils les accompagnent et forment, pour ainsi dire, à la nouvelle fiancée un cortége joyeux. Ils félicitent ses parents de ce que le Seigneur a fait cesser leur stérilité, et surtout de ce que, au lieu de réserver cette Vierge si belle pour un prince de ce monde, ils l'offrent au Roi des rois, au Dieu du ciel et de la terre.

Bientôt ils approchent du saint lieu, et les anges viennent en foule leur faire escorte, soit que le Seigneur les ait envoyés au-devant de sa future Épouse, pour lui faire honneur, soit que, comme de bons serviteurs qui savent qu'on va faire au père de famille un présent très agréable, ils se hâtent d'aller au-devant des personnes qui le lui apportent, afin de jouir du contentement qui se peindra sur le visage de leur Maître, et de partager sa joie. Cependant, considérant Marie, ils sont frappés d'admiration à la vue de ce Vase d'élection, de cette pureté immaculée si supérieure à celle qu'ils possèdent eux-mêmes; mais bientôt, reconnaissant leur Reine, ils tressaillent d'allégresse, et leur contentement se communique à tous les justes, dont le cœur est rempli de joie.

Enfin, Anne et Joachim arrivent au Temple. Ils remettent entre les mains du prêtre les offrandes qu'ils ont apportées, lui expliquent la nature du vœu par lequel ils se sont engagés, et lui présentent leur unique enfant pour être gardée dans la maison de Dieu et consacrée à son service.

Le prêtre Zacharie présidait en ce jour aux cérémonies sacrées; ce fut lui qui reçut d'Anne et de Joachim leur précieux dépôt. Il ne leur montra aucun étonnement en apprenant leur étrange résolution; il ne leur observa point que c'était chose nouvelle et inaccoutumée d'introduire une enfant si jeune dans le sanctuaire. Prophète lui-même, il avait reconnu la Vierge céleste tant prédite par les Prophètes, et il était transporté de joie en pensant que bientôt allait paraître le Soleil de justice, le Sauveur d'Israël, puisque déjà se levait l'aurore du salut... Mais il ne fit point connaître ce qui se passait en lui... C'est que déjà commençait la vie cachée de Marie, véritable modèle des vierges, inconnue aux hommes, connue de Dieu seul.

Cependant Zacharie, prenant l'enfant des mains de ses parents, s'apprête à la conduire dans le lieu destiné aux vierges. C'était une habitation proche du Temple, comme celle des prêtres et des autres serviteurs; cette demeure n'avait rien de commun avec le logement des femmes dévouées au culte divin ou employées au sacré ministère, et communiquait librement avec le saint lieu.

Mais Marie n'est déjà plus une enfant; elle est la Vierge du Seigneur. Malgré ses trois ans à peine, elle quitte son père et sa mère sans montrer aucune des faiblesses naturelles à son âge, sans se laisser aller à aucune de ces vaines démonstrations que les hommes regardent comme des preuves de tendresse; trouvant une force surnaturelle dans le bras du Seigneur qui lui sert d'appui, elle monte seule les quinze marches qui conduisent au sanctuaire et va se prosterner en la présence de Dieu.

Qui pourrait dire l'étonnement de toutes les personnes présentes, des prêtres, des parents même de Marie, en la voyant entrer ainsi dans le lieu saint et en parcourir tous les détours, comme s'ils lui eussent été depuis longtemps connus! Zacharie seul ne témoignait aucune surprise; mais, comme tous, il était frappé d'admiration devant la beauté surnaturelle, l'aspect véritablement divin de la jeune Vierge. Sans doute, il voyait aussi les anges l'accompagner et lui servir de guides, comme il les vit plus tard converser avec elle et lui présenter des aliments mystérieux. De plus, il lui semblait qu'à l'aspect de la Vierge, les êtres inanimés prenaient part à l'émotion générale. Le voile du Temple s'agitait comme prêt à se déchirer devant la véritable arche d'alliance ; les lampes jetaient un éclat plus brillant pour célébrer sa venue ; le Temple, sentant que sa fin était proche, frémissait jusque dans ses fondements, prêt à rentrer en poussière, en présence du temple vivant de la très sainte Trinité.

Cependant Marie, parvenue près du Saint des saints, s'était prosternée devant Dieu, et là elle s'offrait tout entière à lui. C'est alors qu'elle entendit véritablement ces paroles divines qui portèrent la joie dans son âme : « Écoutez, ma fille, ouvrez vos yeux et ayez l'oreille attentive ; oubliez votre peuple et la maison de votre père, et le Roi désirera voir votre beauté. » C'est alors que, perdue dans la contemplation des merveilles du Seigneur, elle perdit complètement de vue toutes les choses de la terre. C'est pourquoi le Roi l'aima plus que toutes les autres femmes, et elle acquit, dans son cœur et dans son esprit, une considération plus grande que toutes les autres, et il lui mit sur la tête le diadème royal.

Comme si chacun avait eu conscience de ce mystère, dès son entrée dans le Temple, Marie jouit, auprès de toutes les personnes chargées de la diriger, d'une considération bien au-dessus de son âge et de sa position : c'est qu'en effet, rien de plus parfait ne pouvait s'imaginer. Aussi nous aimons à contempler l'incomparable tableau que nous en fait saint Ambroise, au livre II des Vierges :

« Vierge d'esprit et de corps, dit le saint évêque de Milan, elle était humble de cœur, grave dans ses paroles, prudente dans ses pensées; elle parlait peu, écoutait volontiers, s'appliquait toujours à l'étude des saintes Écritures ou aux travaux de son sexe, cherchant en tout la volonté de Dieu et non celle des hommes, et montrant en tout et partout une aptitude singulière et pour ainsi dire surnaturelle. Qui pourrait dire le peu de nourriture qu'elle prenait, l'abondance, la ferveur de ses prières, ses jeûnes continuels, le peu de sommeil souvent interrompu qu'elle n'accordait qu'à la nécessité; l'activité de son esprit qui, même lorsque le corps prenait un repos nécessaire, lui présentait en songe les sujets qui l'avaient occupée pendant la veille? »

« Quant à ses perfections corporelles, ajoute Alvarez de Paz, qui pourrait douter que celle dont devait naître le plus beau des enfants des hommes ne fût elle-même la plus belle des femmes, aimable, pleine de grâce et belle comme Jérusalem? Et, s'il est dit de Judith qu'il n'y avait pas sur la terre de femme semblable à elle pour le regard, pour la beauté, ou pour le sens et la sagesse des paroles; et, pareillement, d'Esther qu'elle était très belle et d'une grâce inexprimable, et qu'elle paraissait aimable et ravissante à tous ceux qui la voyaient, c'est que, comme les serviteurs cherchent à copier les manières de leurs maîtres, ces saintes femmes avaient pris quelque chose de leur Reine... »

O Vierge Marie, sainte Enfant, vous étiez véritablement blanche et brillante de fraîcheur et choisie entre mille; vous étiez bien réellement au milieu des enfants des hommes comme le lis au milieu des épines : lis par la beauté, lis par la candeur et la pureté, lis immaculé qui, percé et déchiré par les épines, n'en contracte ni tache ni souillure, mais seulement répand plus abondamment et plus au loin la bonne odeur de toutes les vertus. Obtenez-nous les grâces de votre céleste innocence et de votre sainte enfance, faites de nous ces « petits » auxquels le royaume des cieux appartient.

La Vierge, de l'abbé Orsini, *ou l'histoire de la Mère de Dieu, complétée par les traditions d'Orient, les écrits des saints Pères et les mœurs des Hébreux,* est un bel ouvrage dont nous aimons à faire mention ici. Ce livre, hautement approuvé et recommandé, fut publié pour la seconde fois à Paris en 1838. Les chapitres II, III, IV, V, sur la Conception immaculée, la Naissance de Marie, la Présentation de Marie au Temple, sont d'un vif intérêt. On y trouve des documents inédits, particulièrement en ce qui concerne la fête de l'Immaculée Conception, telle que la célébraient jadis les peuples en divers pays.

Parmi les auteurs contemporains qui ont chanté les gloires de Marie, nommons encore les suivants :

En 1864, l'abbé Alfred Monnin, auteur de la

Vie du Bienheureux curé d'Ars. Sous ce titre *Mater admirabilis* ou *les quinze premières années de Marie Immaculée*, il présente aux âmes pieuses une série de trente et une méditations. La fervente fille de la Bienheureuse Madeleine-Sophie Barat, artiste inspirée du tableau de *Mater admirabilis*, a dû être heureuse de voir son idéal si bien compris : la plume de l'écrivain, que l'on sent tout émue, complète merveilleusement, en effet, l'apostolat de l'image miraculeuse, autour de laquelle se pressent, comme une cour d'honneur, les Dames du Sacré-Cœur et leurs élèves.

Dans son *Année liturgique*, le restaurateur éminent de l'ordre des Bénédictins en France, dom Prosper Guéranger, abbé de Solesmes, prend une complaisance respectueuse et enthousiaste tout ensemble à louer la très sainte Vierge au jour de sa sainte Nativité. Il l'appelle avec amour « la petite nuée que le Père des prophètes attendait dans l'angoisse suppliante de son âme, et qui apporte à la terre desséchée la fraîcheur et la fécondité », et encore : « un nuage d'exquis parfum qu'exhale aux cieux notre désert. » L'incomparable humilité de l'âme de Marie, qui s'ignore elle-même, révèle leur Reine aux anges, armés en guerre près de son berceau.

« Reine, douce Enfant, dit-il en terminant ses ardentes aspirations vers Marie naissante, Reine des anges, vous êtes aussi la nôtre; recevez-nous à foi et hommage... Grandissez, douce Enfant. Que vos pieds s'affermissent pour briser la tête du serpent maudit ; que vos bras prennent force pour porter le trésor du monde! L'ange et l'homme, toute la nature, Dieu Père, Fils, Esprit-Saint, sont dans l'attente du moment solennel où Gabriel pourra s'envoler des cieux, vous saluant pleine de grâces et vous apportant le message de l'amour. »

En 1890, M. l'abbé Perdreau, ancien curé de Saint-Étienne-du-Mont, frère de l'excellente Mme Perdreau, peintre du tableau de *Mater admirabilis,* dont nous parlions plus haut, écrivait à son tour sur les *Premières années de la très sainte Vierge* des méditations très documentées, qu'il dédie à la jeunesse chrétienne. Elles sont destinées, dans la pensée du saint prêtre, à remplacer le livre de M. l'abbé Monnin, mort dans la Compagnie de Jésus sans avoir pu le faire rééditer.

M. l'abbé Claudius Dumas, du diocèse de Clermont-Ferrand, a des pages idéales sur « l'Adolescence de la Vierge ». Il s'appuie sur le « Cantique des cantiques » et la Tradition. Son œuvre est un véritable poème.

Les *Études sur la sainte Vierge* du savant aumônier du lycée Michelet, M. l'abbé Broussolle, traitent d'une façon lumineuse les questions les plus intéressantes touchant les mystères de l'Immaculée Conception et de la sainte Enfance de Marie. La doctrine, les témoignages des Pères de l'Église, la Tradition, même la légende y sont présentées dans un cadre merveilleux, chacun en son rang et selon leur valeur spéciale. Ces études forment un monument marial des plus riches et des plus artistiques. Les dévots amis de Marie Enfant seront charmés en même temps qu'éclairés par une telle étude. (Téqui, 29, rue de Tournon, Paris, 1908.)

La *Revue Mariale*, si chère au cœur du souverain Pontife, créée à la prière et avec l'approbation de Sa Sainteté, a publié dans ses numéros du samedi 14 décembre 1907, 5 et 12 septembre 1908, trois remarquables articles sur « La *Santissima Bambina* » et « La dévotion à la sainte Enfance de Marie ». L'éminent directeur de cette Revue, Mgr Bauron, réunit chaque semaine, dans les colonnes de sa pieuse et érudite publication, les sujets les plus variés qui puissent contribuer à la gloire de la très sainte Vierge, et indique de pieuses et attrayantes pratiques pour honorer Marie sous ses différents vocables.

Et maintenant, prosternons-nous aux pieds de l'aimable Enfant de Joachim et d'Anne. Comme ses saints parents, mettons sur nos lèvres et dans nos cœurs des paroles qui lui seront plus douces que le miel le plus exquis, plus agréables que les mélodies les plus suaves.

Pénétrés d'admiration pour la puissante Souveraine des anges et des hommes, mille fois ravissante en sa petite Enfance, offrons-lui joyeusement nos prières et nos louanges ; aimons surtout à moduler avec ferveur le *Petit Office* que le Bienheureux Jean Eudes va présenter à notre piété.

FIN DE LA PREMIÈRE PARTIE

STATUE MIRACULEUSE DE LA T.-S. VIERGE MARIE ENFANT
vénérée à Laval chez les Dames de Sainte-Thérèse.

DEUXIÈME PARTIE

PETIT OFFICE
DE LA SAINTE ENFANCE DE MARIE

COMPOSÉ

PAR LE BIENHEUREUX JEAN EUDES

ET AUTRES PRIÈRES

En ce qui regarde les écrits du Bienheureux J. Eudes :

Nihil obstat.

Die 7 decembris 1878.

D. Card. BARTOLINIUS, *S. R. C. Præf.*

PLACIDIUS RALLI, *S. R. C. Secret.*

PETIT OFFICE

DE LA SAINTE ENFANCE DE MARIE

À MATINES

℣. Je vous salue, Marie Enfant, vous êtes pleine de grâce, le Seigneur est avec vous.

℟. Vous êtes bénie à toute éternité.

Seigneur, daignez ouvrir mes lèvres. Et ma bouche publiera vos louanges.

Mon Dieu, venez à mon aide. Seigneur, hâtez-vous de me secourir.

Gloire au Père, et au Fils, et au Saint-Esprit. Comme au commencement, maintenant et toujours, et dans les siècles des siècles. Ainsi soit-il. Louange à Dieu.

Depuis la Septuagésime jusqu'à Pâques, au lieu de : Louange à Dieu, *on dit :* Soyez béni, Seigneur, Roi d'éternelle gloire.

HYMNE

Heureuse Anna, cette Enfant si petite,
Que vous portez dans votre chaste sein,
Déjà dépasse en grandeur, en mérite,
Ce que le monde a produit de plus saint.

PETIT OFFICE

DE LA SAINTE ENFANCE DE MARIE

AD MATUTINUM

℣. Ave, Maria Infans, gratia plena, Dominus tecum.

℟. Benedicta tu in æternum.

Domine, labia mea aperies. Et os meum annuntiabit laudem tuam.

Deus, in adjutorium meum intende. Domine, ad adjuvandum me festina.

Gloria Patri, et Filio, et Spiritui sancto. Sicut erat in principio, et nunc et semper, et in sæcula sæculorum. Amen. Alleluia.

Depuis la Septuagésime jusqu'à Pâques, au lieu de : Alleluia, *on dit :* Laus tibi, Domine, Rex æternæ gloriæ.

HYMNUS

QUAM terra, pontus, sidera
Colunt in orbe maximam,
Hanc matris Annæ viscera
Nobis tulerunt parvulam.

Heureuse Anna, l'Enfant dont la naissance
A réjoui votre cœur maternel,
C'est notre Reine, et, sous sa dépendance,
Mère, elle aura le Fils de l'Éternel.
Heureuse Anna, vous par qui le Ciel donne
Sa digne Mère à notre Créateur,
A nous, chrétiens, une Mère si bonne,
Soyez bénie, aïeule du Sauveur.
La belle Enfant qui vous nomme son père,
Époux d'Anna, bienheureux Joachim,
Elle dépasse en splendeur, en lumière,
Le plus brillant, le plus beau chérubin.
Marie Enfant vous offre une louange
Digne de vous, auguste Trinité;
Qu'elle vous loue et pour l'homme et pour l'ange,
Pour tous les temps et pour l'éternité.

Ant. D'un grand cœur et avec une ardeur généreuse, célébrons la très sainte Enfance de la Vierge Marie, afin que, par son intercession, nous méritions de ressembler aux tout petits, aux enfants qui viennent de naître.

℣. Une petite Enfant nous est née.

℟. Et une Mère nous a été donnée.

ORAISON

Dieu tout-puissant et miséricordieux, qui, par la coopération du Saint-Esprit, avez préparé le corps et l'âme de Marie Enfant pour la rendre digne d'être la Mère de votre Fils, faites que, par les mérites et l'intercession de celle dont nous vénérons de toute l'affection de notre cœur la très sainte Enfance, nous soyons déli-

Quam turma cœli suscipit
Terræ polique principem,
Hanc Anna gaudens parturit
Matrem Dei mirabilem.
Beata, cujus munere,
Deo Parens dignissima,
Nobisque, miro fœdere,
Mater datur charissima.
Gaude, beate Joachim,
Quam protulisti sæculo;
Decore vincit cherubim,
Orbemque replet gaudio!
Uni Deo, ter maximo,
Amabilis Puellulæ
Ex ore sacratissimo,
Sit laus in omni tempore. Amen.

Ant. Corde magno et animæ volenti, sanctissimam Virginis Mariæ Infantiam celebremus; ut, ipsa pro nobis intercedente, sicut parvuli et quasi modo geniti infantes effici mereamur.

℣. Parvula nata est nobis:
℟. Et Mater data est nobis.

OREMUS

OMNIPOTENS et misericors Deus, qui Infantis Mariæ corpus et animam, ut digna Filii tui Mater effici mereretur, Spiritu sancto cooperante præparasti, et ab omni labe præservasti: da, ut cujus sanctissimam Infantiam toto corde veneramur, ipsius meritis et intercessione, ab omni immunditia mentis et corporis liberemur;

vrés de toute souillure de l'esprit et du corps, et que nous puissions parfaitement imiter son humilité, son obéissance et sa charité. Par le même Jésus-Christ, Notre-Seigneur et votre Fils, qui, étant Dieu, vit et règne avec vous en l'unité du Saint-Esprit, dans tous les siècles des siècles. Ainsi soit-il.

A LAUDES

℣. Je vous salue, Marie Enfant, vous êtes pleine de grâce, le Seigneur est avec vous.

℟. Vous êtes bénie à toute éternité.

Mon Dieu, venez à mon aide, etc.

Gloire au Père, etc.

HYMNE

Je vous salue, ô Mère de la grâce,
Aimable Enfant, Mère du Roi du ciel,
Cœur très clément, bonté que rien ne lasse,
Source d'où coule un bonheur éternel.
Enfant bénie, ô source de lumière,
Vous surpassez l'éclat des chérubins,
Et votre cœur, qu'à genoux je révère,
Est plus ardent que tous les séraphins.
Aimable Enfant, très chère Souveraine,
Cœur de mon cœur, ma joie et mon amour,
Votre vertu si douce et si sereine
Sera ma règle et la nuit et le jour.
Marie Enfant vous offre une louange
Digne de vous, auguste Trinité ;
Qu'elle vous loue et pour l'homme et pour l'ange,
Pour tous les temps et pour l'éternité.

ejusque humilitatem, obedientiam et charitatem perfecte imitari valeamus. Per eumdem Dominum nostrum Jesum Christum Filium tuum, qui tecum vivit et regnat in unitate Spiritus sancti Deus. Per omnia sæcula sæculorum. Amen.

AD LAUDES

℣. Ave, Maria Infans, gratia plena, Dominus tecum.

℟. Benedicta tu in æternum.

Deus, in adjutorium, etc.

Gloria Patri, etc.

HYMNUS

O Mater alma gratiæ,
Infans, Parens Altissimi,
Maria, fons clementiæ,
Et gaudiorum maximi.

Infans, origo luminum,
Amorisque miraculum,
Splendore vincis cherubim,
Et charitate seraphim.

Regina dulcis cordium,
Amanda cunctis parvula,
Cordis mei cor, gaudium,
Et sancta vitæ regula.

Uni Deo, ter maximo,
Amabilis Puellulæ
Ex ore sacratissimo
Sit laus in omni tempore. Amen.

Ant. Célébrons avec allégresse la Conception immaculée de la Vierge Mère, en laquelle est toute la grâce de la voie et de la vérité ; car ses fondements sont établis sur les saintes montagnes.

℣. Bienheureuses, ô Marie, les entrailles qui vous ont portée.

℟. Et bienheureux le sein qui vous abreuva de son lait.

ORAISON

Dieu tout-puissant, *comme à Matines.*

A PRIME

℣. Je vous salue, Marie Enfant, vous êtes pleine de grâce, le Seigneur est avec vous.

℟. Vous êtes bénie à toute éternité.

Mon Dieu, venez à mon aide, etc.

Gloire au Père, etc.

HYMNE

N'OUBLIEZ pas votre naissance,
Souvenez-vous, Enfant Jésus,
Du sein qui nourrit votre enfance,
Du Cœur qui vous aima le plus.

Marie Enfant, fille chérie
De sainte Anne et de Joachim,
De vos vertus ornez ma vie,
Que j'aie un cœur de séraphin.

La bouche d'une Enfant sans feinte
Vous dit le mot le plus touchant :
Nous vous offrons, Trinité sainte,
L'hommage de Marie Enfant.

Ant. Cum jucunditate Conceptionem immaculatam Virginis Matris celebremus, in qua omnis gratia viæ et veritatis : fundamenta enim ejus in montibus sanctis.

℣. Beatus venter, o Maria, qui te portavit.

℟. Et beata ubera quæ suxisti.

OREMUS

Omnipotens et misericors Deus, etc., *comme à Matines.*

AD PRIMAM

℣. Ave, Maria Infans, gratia plena, Dominus tecum.

℟. Benedicta tu in æternum.

Deus, in adjutorium, etc.

Gloria Patri, etc.

HYMNUS

Memento, Jesu parvule,
Te Matre natum Virgine,
Suxisse sacratissima
Divæ Parentis ubera.
Infans Maria, Joachim
Annæque proles, seraphim
Regina, præsta servulos
Parvam sequi te parvulos.
Uni Deo, ter maximo,
Amabilis Puellulæ
Ex ore sacratissimo
Sit laus in omni tempore. Amen.

Ant. Votre naissance, ô Vierge Mère de Dieu, a apporté la joie au monde entier. C'est en vous que la Trinité sainte a mis son éternelle complaisance; car vous avez toujours accompli de tout votre cœur ses adorables volontés.

℣. Que tout esprit loue le Seigneur.

℟. Régnant dans le cœur de Marie Enfant.

ORAISON

Dieu tout-puissant, etc., *comme à Matines.*

A TIERCE

℣. Je vous salue, Marie Enfant, vous êtes pleine de grâce, le Seigneur est avec vous.

℟. Vous êtes bénie à toute éternité.

Mon Dieu, venez à mon aide, etc.

Gloire au Père, etc.

HYMNE

N'oubliez pas votre naissance, etc., *comme à Prime.*

Ant. O admirable Enfant, à qui le nom de *Marie,* désigné par le Seigneur, a été imposé par son père saint Joachim, afin qu'à ce nom béni tout genou fléchisse et toute langue confesse que Marie est Mère de Dieu, Souveraine du monde et Reine des cieux, ce dont les anges se réjouissent et bénissent le Seigneur! Dieu soit loué.

℣. Une petite Enfant nous est née.

℟. Et une Mère nous a été donnée.

Ant. Nativitas tua, Dei Genitrix Virgo, gaudium annuntiavit universo mundo; quia in te sancta Trinitas bene sibi ab æterno complacuit; quæ enim placita sunt ei fecisti semper in toto corde tuo.

℣. Omnis spiritus laudet Dominum.

℟. In corde Mariæ Infantis regnantem.

OREMUS

Omnipotens et misericors Deus, *comme à Matines.*

AD TERTIAM

℣. Ave, Maria Infans, gratia plena, Dominus tecum.

℟. Benedicta tu in æternum.

Deus, in adjutorium, etc.

Gloria Patri, etc.

HYMNUS

Memento, Jesu parvule, *comme à Prime.*

Ant. O admirabilis Infans, cujus nomen vocatum a Domino *Maria*, per beatum ejus patrem Joachim ipsi impositum est, ut in nomine Mariæ omne genu flectatur, et omnis lingua confiteatur quia Maria est Mater Dei, Domina mundi et Regina cœli; propterea lætantur angeli et laudantes benedicunt Dominum! Alleluia.

℣. Parvula nata est nobis.

℟. Et Mater data est nobis.

ORAISON

Dieu tout-puissant, etc., *comme à Matines.*

A SEXTE

℣. Je vous salue, Marie Enfant, vous êtes pleine de grâce, le Seigneur est avec vous.

℟. Vous êtes bénie à toute éternité.

Mon Dieu, venez à mon aide, etc.

Gloire au Père, etc.

HYMNE

N'oubliez pas votre naissance, etc., *comme à Prime.*

Ant. Soyez à jamais bénis, ô saint Joachim et sainte Anne, parce que vous avez donné au Père éternel une Fille très chère, au Fils de Dieu une Mère très digne, et au Saint-Esprit une Épouse très sainte.

℣. Bienheureuses, ô Marie, les entrailles qui vous ont portée.

℟. Et bienheureux le sein qui vous abreuva de son lait.

ORAISON

Dieu tout-puissant, etc., *comme à Matines.*

A NONE

℣. Je vous salue, Marie Enfant, vous êtes pleine de grâce, le Seigneur est avec vous.

℟. Vous êtes bénie à toute éternité.

Mon Dieu, venez à mon aide, etc.

Gloire au Père, etc.

OREMUS

Omnipotens et misericors Deus, etc., *comme à Matines.*

AD SEXTAM

℣. Ave, Maria Infans, gratia plena, Dominus tecum.

℟. Benedicta tu in æternum.

Deus, in adjutorium, etc.

Gloria Patri, etc.

HYMNUS

Memento, Jesu parvule, etc., *comme à Prime.*

Ant. Benedicti sitis in æternum, beati Joachim et Anna, quia vos æterno Patri Filiam dilectissimam, Filio Dei Matrem dignissimam, et Spiritui sancto sacratissimam Sponsam dedistis.

℣. Beatus venter, o Maria, qui te portavit.

℟. Et beata ubera quæ suxisti.

OREMUS

Omnipotens et misericors Deus, etc., *comme à Matines.*

AD NONAM

℣. Ave, Maria Infans, gratia plena, Dominus tecum.

℟. Benedicta tu in æternum.

Deus, in adjutorium, etc.

Gloria Patri, etc.

HYMNE

N'oubliez pas votre naissance, etc., *comme à Prime.*

Ant. Vous êtes bénis du Très-Haut, ô saint Joachim et sainte Anne, parce que vous avez donné aux anges une Reine très auguste, aux chrétiens une Mère très aimante, et à toutes les créatures une Souveraine très puissante.

℣. Que tout esprit loue le Seigneur.

℟. Régnant dans le cœur de Marie Enfant.

ORAISON

Dieu tout-puissant, etc., *comme à Matines.*

A VÊPRES

℣. Je vous salue, Marie Enfant, vous êtes pleine de grâce, le Seigneur est avec vous.

℟. Vous êtes bénie à toute éternité.

Mon Dieu, venez à mon aide, etc.

Gloire au Père, etc.

HYMNE

SALUT, aimable Enfant,
Au cœur de Dieu si chère,
De nos cœurs doux aimant,
Vie, amour et lumière.
Du Dieu Père éternel
O Fille préférée,
Du Dieu Fils, Roi du ciel,
O Mère vénérée.
Épouse de l'Esprit
Qui crée et sanctifie,

HYMNUS

Memento, Jesu parvule, etc., *comme à Prime.*

Ant. Benedicti vos a Domino, beati Joachim et Anna, quia angelis augustissimam Reginam, christianis amantissimam Matrem, et omnibus creaturis potentissimam Dominam dedistis.

℣. Omnis spiritus laudet Dominum.
℟. In corde Mariæ Infantis regnantem.

OREMUS

Omnipotens et misericors Deus, etc., *comme à Matines.*

AD VESPERAS

℣. Ave, Maria Infans, gratia plena, Dominus tecum.
℟. Benedicta tu in æternum.
Deus, in adjutorium, etc.
Gloria Patri, etc.

HYMNUS

Ave, Dei cordis
Infans prædilecta,
Ave, nostri cordis
Lux, amor et vita.
Infans Dei Patris
Nata benedicta,
Infans regum Regis
Mater admiranda.
Infans Paracleti
Sacrosancta sponsa,

Belle image où revit
La Trinité bénie.
Salut, Reine des cieux,
Que révère l'archange,
De vos parents pieux
L'amour et la louange.
Enfant au cœur si doux,
Montrez-vous notre Mère,
Daignez offrir pour nous
Nos cœurs à notre Père.
Donnez-nous de l'enfant
La douceur, l'innocence,
Un cœur droit, simple, aimant,
Prompt à l'obéissance.
O sainte Trinité,
Recevez par Marie
L'hommage mérité
Que votre cœur envie.

Ant. Bienheureuses les entrailles de sainte Anne, qui ont porté la Fille premier-née du Père éternel; et bienheureux le sein qui a abreuvé celle dont le lait a nourri le Créateur et le Rédempteur de l'univers.

℣. Une petite Enfant nous est née,

℟. Et une Mère nous a été donnée.

ORAISON

Dieu tout-puissant, etc., *comme à Matines.*

A COMPLIES

℣. Je vous salue, Marie Enfant, vous êtes pleine de grâce, le Seigneur est avec vous.

Infans Dei trini
Imago perfecta.
Regina cœlorum,
Princeps Angelorum,
Amor Annæ matris,
Cor Joachim patris.
Infans mater nostra,
Esto nobis Mater,
Nostra sibi corda
Sumat per te Pater.
Præsta cor infantis,
Rectum mite, purum,
Plenum charitatis,
Simplex et demissum.
Trinitati sanctæ
Ex Infantis ore
Mariæ, perfecta
Sit laus et æterna. Amen.

Ant. Beata viscera sanctissimæ Annæ, quæ portaverunt Primogenitam æterni Patris; et beata ubera quæ lactaverunt eam, quæ lactavit omnium Creatorem et Redemptorem.

℣. Parvula nata est nobis.
℟. Et Mater data est nobis.

OREMUS

Omnipotens et misericors Deus, etc.; *comme à Matines.*

AD COMPLETORIUM

℣. Ave, Maria Infans, gratia plena, Dominus tecum.

℟. Vous êtes bénie à toute éternité.
Convertissez-nous, ô Dieu, notre Sauveur.
Et détournez de nous votre colère.
Mon Dieu, venez à mon aide, etc.
Gloire au Père, etc.

HYMNE

N'oubliez pas votre naissance, etc., *comme à Prime.*

Ant. Réjouissez-vous avec moi, vous tous qui m'aimez; car, lorsque j'étais toute petite, j'ai été agréable au Très-Haut. C'est qu'en Lui seul je trouvais mon bonheur chaque jour, prenant constamment mes ébats en sa présence. Et mes délices sont d'être avec les enfants des hommes.

℣. Que tout esprit loue le Seigneur.
℟. Régnant dans le cœur de Marie Enfant.

ORAISON

Dieu tout-puissant, etc., *comme à Matines.*

SALUTATION
A LA BIENHEUREUSE ENFANT MARIE

Je vous salue, Marie Enfant, vous êtes pleine de grâce, le Seigneur est avec vous; vous êtes bénie à jamais, et bénis sont vos très saints parents Joachim et Anne, dont vous êtes le rejeton immaculé. O Mère de Dieu, intercédez pour nous.

ANTIENNE

Nous recourons à votre protection, sainte et aimable Enfant Marie; ne méprisez pas nos

℟. Benedicta tu in æternum.
Converte nos, Deus, salutaris noster.
Et averte iram tuam a nobis.
Deus, in adjutorium, etc.
Gloria Patri, etc.

HYMNUS

Memento, Jesu parvule, etc., *comme à Prime.*

Ant. Gaudete mecum, omnes qui diligitis me, quia, cum essem parvula, placui Altissimo. In eo enim solo delectabar per singulos dies, ludens coram eo omni tempore. Et deliciæ meæ esse cum filiis hominum.

℣. Omnis spiritus laudet Dominum.
℟. In corde Mariæ Infantis regnantem.

OREMUS

Omnipotens et misericors Deus, etc., *comme à Matines.*

SALUTATION

A LA BIENHEUREUSE ENFANT MARIE

Ave, Maria Infans, gratia plena, Dominus tecum : benedicta tu in æternum ; et benedicti sanctissimi parentes tui Joachim et Anna, ex quibus immaculata processisti. Dei Genitrix, intercede pro nobis.

ANTIPHONA

Sub tuum præsidium confugimus, sancta et amabilis Infans Maria ; nostras deprecationes

prières dans nos détresses; mais délivrez-nous toujours de tous les dangers, ô Vierge comblée de gloire et de bénédiction.

℣. Priez pour nous, ô sainte Enfant Marie.
℟. Afin que nous devenions dignes des promesses de Jésus-Christ.

ORAISON

Dieu tout-puissant, etc., *comme ci-dessus à Matines.*

ANTIENNE ET ORAISON

EN L'HONNEUR DE SAINT JOACHIM ET DE SAINTE ANNE

O BIENHEUREUX Époux, saint Joachim et sainte Anne, au fruit de vos entrailles on reconnaît votre pureté sans tache. Toute la création vous a l'obligation la plus étroite, car c'est par vous qu'elle a pu offrir au Créateur le don le plus précieux, l'immaculée Enfant Marie, qui seule était digne de sa souveraine Majesté.

℣. Leur postérité sera puissante sur la terre.
℟. La génération des justes sera bénie.

ORAISON

O DIEU, qui, entre tous les saints, avez daigné choisir les parents de l'aimable Enfant Marie, saint Joachim et sainte Anne, pour donner le jour à cette immaculée Vierge et Mère de votre Fils unique; faites que, par l'intercession de

ne despicias in necessitatibus nostris; sed a periculis cunctis libera nos semper, Virgo gloriosa et benedicta.

℣. Ora pro nobis, sancta Infans Maria.
℟. Ut digni efficiamur promissionibus Christi.

OREMUS

Omnipotens et misericors Deus, etc., *comme ci-dessus à Matines.*

ANTIENNE ET ORAISON

EN L'HONNEUR DE SAINT JOACHIM ET DE SAINTE ANNE

O PAR beatum Joachim et Anna, ex fructu ventris vestri immaculati agnoscimini, et omnis creatura vobis obstricta est : per vos enim donum omnium donorum præstantissimum Creatori obtulit, nempe immaculatam Infantem Mariam, quæ sola Creatore digna erat.

℣. Potens in terra erit semen ejus.
℟. Generatio rectorum benedicetur.

OREMUS

DEUS, qui amabilis Infantis Mariæ sanctissimos parentes Joachim et Annam, a quibus hæc immaculata Virgo et unigeniti Filii tui Mater in lucem ederetur, præ omnibus Sanctis tuis, eligere dignatus es : concede propitius ut quo-

ces Bienheureux dont nous célébrons la mémoire, nous méritions de pouvoir, avec eux et avec leur très sainte Fille, vous aimer et vous louer de tout notre cœur, et par nos voix et nos œuvres, maintenant et dans l'éternité. Par le même Jésus-Christ Notre-Seigneur. Ainsi soit-il.

rum memoriam colimus, eorum interventione, te, cum ipsis et cum sanctissima eorum Filia, toto corde, ore et opere, hic et in æternum diligere et laudare mereamur. Per eumdem Christum Dominum nostrum. Amen.

NEUVAINE PRÉPARATOIRE A LA FÊTE DE LA NATIVITÉ DE LA TRÈS SAINTE VIERGE DU 30 AOUT AU 8 SEPTEMBRE

(Par saint Alphonse de Liguori.)

Réciter chaque jour neuf *Ave Maria*, et la prière suivante :

Sainte et céleste Enfant, qui surpassez déjà en grâce tous les saints et tous les anges réunis, ô vous qui êtes la Mère destinée à mon Rédempteur et la grande médiatrice des misérables pécheurs, ayez compassion de moi. Il est vrai que, par mes ingratitudes envers Dieu et envers vous, je mériterais d'être abandonné et de Dieu et de vous; mais j'entends dire, et je le crois, sachant combien votre miséricorde est grande, que vous ne refusez jamais de secourir celui qui se recommande à vous avec confiance. O créature la plus sublime de l'univers, ô Sainte des saints, ô abîme, ô plénitude de grâce, secourez un infortuné qui a perdu la grâce par sa faute. Je sais que vous êtes si chère à Dieu, qu'il ne vous refuse rien ; je sais encore que vous prenez plaisir à user de votre puissance en faveur des pauvres pécheurs. Ah ! daignez montrer la grandeur de votre crédit auprès de Dieu, en m'obtenant une lumière et une flamme si puissantes, qu'elles me changent de pécheur en saint, et que, me détachant de toute affection terrestre, elles m'embrasent d'amour pour

Dieu. Faites-le, puisque vous le pouvez, ô ma Souveraine! faites-le pour l'amour de ce Dieu qui vous a rendue si grande, si puissante et si miséricordieuse. Ainsi soit-il.

AUTRE NEUVAINE
PRÉPARATOIRE A LA FÊTE DE LA NATIVITÉ DE LA SAINTE VIERGE[1]

Veni, sancte Spiritus, reple tuorum corda fidelium, et tui amoris in eis ignem accende.

℣. Emitte spiritum tuum, et creabuntur.

℟. Et renovabis faciem terræ.

OREMUS

DEUS, qui corda fidelium sancti Spiritus illustratione docuisti, da nobis in eodem Spiritu recta sapere, et de ejus semper consolatione gaudere. Per Christum Dominum nostrum. Amen.

O très sainte Vierge Marie, élue et destinée dès l'éternité par la très auguste Trinité pour être la Mère du Fils unique du Père; ô vous

[1] Les fidèles qui font publiquement ou d'une manière privée ce pieux exercice, au moins avec un cœur contrit, peuvent gagner une indulgence de 300 jours chacun des jours de la neuvaine, et, s'ils ont récité ces prières pendant les neuf jours, une indulgence plénière, soit le jour même de la fête, soit un des jours de l'octave aux conditions ordinaires (Pie VII).

Cette neuvaine est extraite de la *Raccolta* approuvée par le Saint-Siège. (Édition romaine de 1887.)

qui avez été prédite par les prophètes, attendue par les patriarches et désirée par toutes les nations ; sanctuaire et temple vivant de l'Esprit-Saint ; soleil sans tache à cause de votre conception immaculée ; souveraine du ciel et de la terre, reine des anges : humblement prosternés à vos pieds, nous vous rendons l'hommage de notre vénération, et nous nous réjouissons de l'anniversaire solennel de votre bienheureuse naissance, vous suppliant, du fond le plus intime de notre cœur, de daigner, dans votre bonté, venir prendre en nos âmes une naissance spirituelle, afin qu'éprises de votre douceur et de votre amabilité, elles vivent toujours unies à votre très doux et très aimable Cœur.

1. Et maintenant, nous vous adresserons neuf fois la Salutation angélique, en l'honneur des neuf mois qui précédèrent votre naissance, vous rappelant d'abord avec bonheur qu'issue de la race royale de David, vous avez été mise au monde par sainte Anne, votre bienheureuse mère. *Ave Maria*, etc.

2. Nous vous saluons, o céleste Petite, colombe éblouissante de pureté, qui, en dépit du dragon infernal, avez été conçue sans la tache originelle. *Ave Maria*, etc.

3. Nous vous saluons, aurore toute resplendissante, qui, messagère du divin Soleil de justice, avez apporté à la terre les premiers rayons de la lumière. *Ave Maria*, etc.

4. Nous vous saluons, ô Enfant d'élection, qui, semblable à un soleil pur de toute tache,

avez apparu au monde au milieu de la plus sombre nuit du péché. *Ave Maria,* etc.

5. Nous vous saluons, ô lune radieuse de beauté, qui avez éclairé le monde enveloppé des ténèbres les plus épaisses du paganisme. *Ave Maria,* etc.

6. Nous vous saluons, ô guerrière invincible, qui seule, aussi forte qu'une armée entière, avez mis en fuite tout l'enfer. *Ave Maria,* etc.

7. Nous vous saluons, ô belle âme de Marie, possédée par Dieu dès l'éternité. *Ave Maria,* etc.

8. Nous vous saluons, ô Enfant si chère; nous vénérons votre très saint petit corps, les langes sacrés dont vous avez été enveloppée, le saint berceau où vous avez reposé, et nous bénissons le moment où vous avez apparu au monde. *Ave Maria,* etc.

9. Enfin, nous vous saluons, ô très aimée Petite, ornée de toutes les vertus dans un degré incomparablement plus élevé que tous les autres saints; aussi, digne Mère du Sauveur, devenue féconde par l'opération du Saint-Esprit, vous avez enfanté le Verbe incarné. *Ave Maria,* etc.

PRIÈRE

O très gracieuse Enfant, qui, par votre heureuse naissance, avez consolé le monde, réjoui le ciel et terrifié l'enfer, vous qui avez apporté aide et secours à ceux qui étaient tombés, force et courage aux affligés, santé aux infirmes.

allégresse à tous, nous vous supplions avec l'affection la plus tendre, de renaître spirituellement dans nos âmes par votre sainte dilection ; renouvelez notre esprit dans votre service, ravivez dans nos cœurs le feu de votre amour, et faites fleurir en nous les vertus qui peuvent nous rendre de plus en plus agréables à vos yeux très purs. O Marie, soyez-nous Marie, en nous faisant ressentir les salutaires effets de votre très doux nom. Que l'invocation de ce nom béni soit notre consolation dans les épreuves, notre espérance dans les dangers, notre bouclier dans les tentations, notre respiration au moment de la mort. Que le nom de Marie soit un miel pour notre bouche, une mélodie pour nos oreilles, une jubilation pour notre cœur. Ainsi soit-il.

Réciter les Litanies, et dire ensuite :

℣. Nativitas tua, Dei Genitrix Virgo.
℟. Gaudium annuntiavit universo mundo.

OREMUS

Famulis tuis, quæsumus, Domine, cœlestis gratiæ munus impertire : ut, quibus Beatæ Virginis partus exstitit salutis exordium, Nativitatis ejus votiva solemnitas pacis tribuat incrementum.

Deus, omnium fidelium Pastor et Rector, famulum tuum *N.* quem Pastorem Ecclesiæ tuæ præesse voluisti, propitius respice : da ei, quæsumus, verbo et exemplo, quibus præest proficere, ut ad vitam una cum grege sibi credito perveniat sempiternam.

Deus, refugium nostrum et virtus, adesto piis Ecclesiæ tuæ precibus, auctor ipse pietatis, et præsta, ut quod fideliter petimus, efficaciter consequamur. Per Christum Dominum nostrum. Amen.

NEUVAINE A MARIE ENFANT

POUR OBTENIR QUELQUE GRACE PARTICULIÈRE

1er Jour. — Sainte Enfant, qui, en venant au monde tout immaculée, avez été sur la terre le plus splendide reflet du ciel et le spectacle le plus agréable à la Très Sainte Trinité, le cœur rempli de vénération et d'amour, nous nous prosternons devant votre douce image, et nous nous réjouissons avec vous de votre grandeur. Oh! soyez éternellement bénie, sublime Enfant, pleine de grâce : *Ave, gratia plena*. Remplis de confiance dans la toute-puissance de votre intercession, nous vous prions de nous obtenir toutes les grâces dont nous sentons si vivement le besoin (et en particulier celle pour laquelle nous faisons cette Neuvaine); mais surtout nous vous demandons la grâce de nous sanctifier, afin que nous puissions vous devenir semblables et plaire à la Très Sainte Trinité. *O Marie, conçue sans péché, priez pour nous. — Ave, Maria. — Magnificat.*

2e Jour. — Sainte Enfant, qui, au premier instant de votre existence, avez offert à Dieu l'hommage d'un cœur tout brûlant d'amour pour lui, nous vous vénérons de toute notre âme dans votre sainte image, et nous admirons les moyens merveilleux dont se sert votre miséricorde pour gagner nos cœurs et ranimer en nous le feu du divin amour. Oh ! soyez éternellement bénie, très sainte Enfant, pleine de grâce : *Ave, gratia plena.* Par l'immense charité de votre cœur, daignez nous aider à correspondre à vos faveurs, en croissant toujours davantage dans l'amour de Dieu. *Marie, Mère du bel amour, exaucez-nous. — Ave, Maria. — Magnificat.*

3e Jour. — Sainte Enfant, qui, dès le premier moment de votre vie, avez ardemment désiré coopérer avec Jésus à la sanctification et au salut de nos âmes, nous vous révérons de tout notre cœur dans votre précieuse image, et nous vous remercions d'avoir bien voulu vous en servir pour raviver par tant de prodiges notre dévotion envers vous, dans le temps même où le Souverain Pontife invite tout l'univers catholique à se tourner vers vous avec une spéciale confiance, au milieu des terribles épreuves qui affligent actuellement l'Église. Oh ! soyez éternellement bénie, Enfant tout aimable, pleine de grâce : *Ave, gratia plena*, et, nous vous en conjurons, faites que nos âmes aient toujours une confiance illimitée en vous, qui êtes la Mère de Dieu et notre Mère, et le canal de toute grâce. *Marie, Mère de la grâce divine, exaucez-nous. — Ave, Maria. — Magnificat.*

4e Jour. — Sainte Enfant, dont la venue au monde consola la terre, qui salua en vous l'aurore de la rédemption, la corédemptrice et l'avocate du genre humain, nous vous vénérons de tout notre cœur dans cette chère image, et nous vous remercions d'avoir bien voulu par elle nous consoler dans nos peines, en nous donnant des preuves si évidentes de votre maternelle bonté. Oh! soyez éternellement bénie, très douce Enfant, pleine de grâce : *Ave, gratia plena.* Daignez arracher de notre cœur tout ce qui pourrait être un obstacle à vos maternelles opérations, et ornez-le de ce qui vous est agréable et peut vous incliner à nous donner des marques spéciales de votre tendresse. *Marie, cause de notre joie, exaucez-nous. — Ave, Maria. — Magnificat.*

5e Jour. — Sainte Enfant, qui, dès votre apparition dans le monde, avez été, par votre humilité, la terreur de l'enfer, nous vous vénérons de tout notre cœur dans votre humble image, et nous vous remercions d'avoir bien voulu nous rappeler par elle comment le Seigneur choisit les moyens les plus humbles pour accomplir les prodiges de sa miséricorde. Oh! soyez éternellement bénie, très humble Enfant, pleine de grâce : *Ave, gratia plena.* Par les mérites de votre humilité, qui vous a rendue si agréable à Dieu et si terrible à nos ennemis, obtenez-nous l'esprit de vraie humilité, qui est la principale disposition à la grâce, et tournez vers nous vos regards miséricordieux pour voir et soulager tous nos besoins, exaucer nos vœux, et secourir avec nous l'Épouse de votre divin

Fils, la sainte Église, avec laquelle nous vous invoquons en gémissant. *Marie, secours des chrétiens, exaucez-nous. — Ave, Maria. — Magnificat.*

6e Jour. — On reprend la prière du premier jour [1].

[1] Cette neuvaine est due à un saint prêtre de Milan, très dévot à la *Santissima Bambina.* Il fut rappelé à Dieu avant d'avoir pu compléter le nombre de prières nécessaires pour les neuf jours. Par un pieux respect, personne n'ayant voulu achever l'œuvre du vénéré défunt, on a la coutume, quand on fait la neuvaine, de recommencer, pour les quatre derniers jours, les prières indiquées pour les premiers. Ainsi, le 6e jour on reprend la première prière; le 7e jour, la seconde, etc.

Vu et approuvé,

10 décembre 1900.

✝ René-François,
Archevêque de Tours.

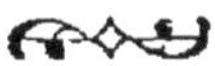

TRIDUUM A MARIE ENFANT

1. Très Sainte Enfant Marie, de toute éternité l'objet des complaisances de la Très Sainte Trinité, en considération des privilèges singuliers dont vous fûtes enrichie, daignez abaisser vos regards maternels sur moi, qui suis si pauvre de vertus, et obtenez-moi de la miséricorde de Dieu la grâce que j'implore à vos pieds. *Ave, Maria.*

2. Très Sainte Enfant, devant laquelle les anges se prosternent ravis d'étonnement et d'admiration, répétant dans un transport d'amour : « Régnez, régnez éternellement sur nous, vous et votre divin Fils, » en considération des témoignages de soumission et des hommages dont ces Esprits bienheureux entourèrent votre berceau, reconnaissant en vous leur future Souveraine, daignez m'obtenir du Très-Haut la grâce que je désire avec tant d'ardeur. *Ave, Maria.*

3. Très Sainte Enfant Marie, la gloire et la joie de vos saints parents Joachim et Anne, par la libéralité avec laquelle vous avez récompensé le soin qu'ils prirent de votre enfance immaculée, écoutez avec bienveillance mes supplications et, par l'amour que vous leur portez,

obtenez-moi du Dieu Tout-Puissant la grâce que j'implore. *Ave, Maria.*

Céleste Enfant, qui avez daigné manifester par tant de prodiges votre désir de voir honorer votre enfance, pendant laquelle vous étiez déjà si grande aux yeux de Dieu, en considération du privilège de votre Conception immaculée, ô vous qui êtes bénie entre toutes les filles d'Ève, jetez sur moi vos regards si bons et si doux, et, continuant envers moi votre office de médiatrice et d'avocate, daignez exaucer mes vœux. Ah ! ne me laissez pas m'éloigner de votre berceau vénéré sans avoir exaucé ma prière, mais faites que j'en emporte les grâces et les consolations que je demande. A moi et à tous obtenez, ô Marie, le véritable esprit de la dévotion à votre enfance et l'inestimable don de la sainte persévérance. Ainsi soit-il. *Ave, Maria.*

40 *jours d'indulgence.*

8 décembre 1900.

† RENÉ-FRANÇOIS,
Archevêque de Tours.

LITANIES DE MARIE ENFANT

Seigneur, ayez pitié de nous.
Jésus-Christ, ayez pitié de nous.
Seigneur, ayez pitié de nous.
Jésus-Christ, écoutez-nous.
Jésus-Christ, exaucez-nous.
Dieu du ciel notre Père, ayez pitié de nous.
Dieu le Fils, Sauveur du monde, ayez pitié de nous.
Dieu le Saint-Esprit, ayez pitié de nous.
Trinité sainte qui êtes un seul Dieu, ayez pitié de nous.
Sainte Marie Enfant, fille de Dieu le Père, priez pour nous.
Sainte Marie Enfant, Siège de la Sagesse éternelle, priez.
Sainte Marie Enfant, Épouse du Saint-Esprit, priez.
Sainte Marie Enfant, en qui le Verbe incarné voit sa mère, priez.
Sainte Marie Enfant, créée dans la pensée divine avant les siècles, priez.
Sainte Marie Enfant, qui avez été conçue sans péché, priez.
Sainte Marie Enfant, fille bénie de Joachim et d'Anne, priez.

Sainte Marie Enfant, l'honneur et la jubilation de votre mère, priez.

Sainte Marie Enfant, plus belle qu'Adam et Ève au premier jour de l'innocence, priez.

Sainte Marie Enfant, plus gracieuse que les anges, priez.

Sainte Marie Enfant, dont les chœurs célestes ont célébré la naissance, priez.

Sainte Marie Enfant, dont le nom a dû être apporté du ciel, priez.

Sainte Marie Enfant, dont le nom est plein de douceur et d'harmonie, priez.

Sainte Marie Enfant, dont les mères apprennent le nom à leurs enfants, priez.

Sainte Marie Enfant, dont le nom signifie étoile de la mer, priez.

Sainte Marie Enfant, dont le nom calme les flots des passions, priez.

Sainte Marie Enfant, dont le nom relève le courage abattu, priez.

Sainte Marie Enfant, dont le nom est la terreur de l'enfer, priez.

Sainte Marie Enfant, noble descendante des Patriarches, priez.

Sainte Marie Enfant, qu'ont chantée les Prophètes, priez.

Sainte Marie Enfant, tige miraculeuse de Jessé, priez.

Sainte Marie Enfant, magnifique lis des vallons, priez.

Sainte Marie Enfant, blanche colombe des Cantiques, priez.

Sainte Marie Enfant, myrrhe aux suaves parfums, priez.

Sainte Marie Enfant, vigne odorante du printemps, priez.

Sainte Marie Enfant, porte mystérieuse réservée au passage du Libérateur, priez.

Sainte Marie Enfant, plus brillante que l'aurore, priez.

Sainte Marie Enfant, l'aurore même du soleil de justice, priez.

Sainte Marie Enfant, plus pure que l'étoile du matin, priez.

Sainte Marie Enfant, rosée qui rafraîchit la terre, priez.

Sainte Marie Enfant, qui conversiez avec Dieu avant même d'avoir l'usage de la parole, priez.

Sainte Marie Enfant, qui vous êtes présentée au Temple à l'âge de trois ans, priez.

Sainte Marie Enfant, modèle de la vie intérieure, priez.

Sainte Marie Enfant, modèle de silence, priez.

Sainte Marie Enfant, modèle d'humilité, priez.

Sainte Marie Enfant, modèle de simplicité, priez pour nous.

Sainte Marie Enfant, modèle d'obéissance, priez pour nous.

Sainte Marie Enfant, modèle d'application au travail, priez.

Sainte Marie Enfant, modèle de l'enfance, priez pour nous.

Sainte Marie Enfant, qui, la première, fîtes vœu de virginité, priez.

Sainte Marie Enfant, qui soupiriez après la venue du Messie, priez.

Sainte Marie Enfant, qui demandiez à Dieu de servir la Vierge qui concevrait l'Emmanuel, priez pour nous.

Agneau de Dieu, qui ôtez les péchés du monde, pardonnez-nous, Seigneur.

Agneau de Dieu, qui ôtez les péchés du monde, exaucez-nous, Seigneur.

Agneau de Dieu, qui ôtez les péchés du monde, ayez pitié de nous.

℣. Priez pour nous, sainte Marie Enfant.

℟. Afin que nous soyons dignes des promesses de Notre-Seigneur Jésus-Christ.

ORAISON

O Dieu, qui avez enrichi de tous les trésors de votre grâce la sainte Enfance de la glorieuse Vierge Marie, que nous honorons avec une piété toute filiale, accordez-nous de devenir nous-mêmes semblables aux petits enfants, afin d'entrer un jour dans le royaume des cieux, qui leur a été promis par Jésus-Christ Notre-Seigneur. Ainsi soit-il.

Nous approuvons les Litanies ci-dessus. Nous en permettons l'usage en dehors des fonctions liturgiques, et Nous accordons 40 jours d'indulgence aux fidèles qui les réciteront avec piété.

7 avril 1908.

† RENÉ-FRANÇOIS,

Archevêque de Tours.

LITANIES DE LA SAINTE ENFANCE DE MARIE

DU BIENHEUREUX JEAN EUDES

Seigneur, ayez pitié de nous.
Jésus-Christ, ayez pitié de nous.
Seigneur, ayez pitié de nous.
Jésus-Christ, écoutez-nous.
Jésus-Christ, exaucez-nous.
Dieu du ciel, notre Père, ayez pitié de nous.
Dieu le Fils, Sauveur du monde, ayez pitié de nous.
Esprit Saint, qui êtes Dieu, ayez pitié de nous.
Trinité Sainte, qui êtes un seul Dieu, ayez pitié de nous.
Sainte Marie Enfant, priez pour nous.
Enfant, fille de Dieu le Père, priez.
Enfant, mère de Dieu le Fils, priez.
Enfant, épouse du Saint-Esprit, priez.
Enfant, miroir de l'auguste Trinité, priez.
Enfant, fruit de la prière de vos parents, priez pour nous.
Enfant, richesse de votre père, priez.
Enfant, délices de votre mère, priez.
Enfant, honneur de votre père, priez.

Enfant, amour de votre mère, priez pour nous.

Enfant, miracle de la nature, priez.

Enfant, prodige de la grâce, priez.

Enfant, immaculée dans votre conception, priez pour nous.

Enfant, très sainte dans votre naissance, priez pour nous.

Enfant, très dévouée dans votre présentation, priez.

Enfant, aurore du soleil de justice, priez.

Enfant, commencement de nos joies, priez.

Enfant, fin de nos maux, priez.

Enfant, allégresse du monde, priez.

Enfant, gloire du ciel, priez.

Enfant, modèle de la charité, priez.

Enfant, parfait exemple de l'humilité, priez.

Enfant, très puissante, priez.

Enfant, très clémente, priez.

Enfant, très pure, priez.

Enfant, très pauvre, priez.

Enfant, très obéissante, priez.

Enfant, très douce, priez.

Enfant, aimable, priez.

Enfant, admirable, priez.

Enfant, incomparable, priez.

Enfant, salut des infirmes, priez.

Enfant, consolatrice des affligés, priez.

Enfant, refuge des pécheurs, priez.

Enfant, espérance des chrétiens, priez.

Enfant, souveraine des anges, priez.

Enfant, fille des patriarches, priez.

Enfant, désir des prophètes, priez pour nous.
Enfant, maîtresse des apôtres, priez.
Enfant, force des martyrs, priez.
Enfant, mère des prêtres, priez.
Enfant, gloire des confesseurs, priez.
Enfant, pureté des vierges, priez.
Enfant, reine de tous les saints, priez.
Enfant, notre mère, priez.
Enfant, reine de notre cœur, priez.
Agneau de Dieu... (trois fois).
Christ, écoutez-nous; Christ, exaucez-nous.

ORAISON

Dieu tout-puissant et miséricordieux, qui, par la coopération du Saint-Esprit, avez préparé le corps et l'âme de Marie Enfant pour la rendre digne d'être la mère de votre Fils, faites que par les mérites et l'intercession de celle dont nous vénérons de toute l'affection de notre cœur la très sainte Enfance, nous soyons délivrés de toute souillure de l'esprit et du corps, et que nous puissions parfaitement imiter son humilité, son obéissance et sa charité. Par Jésus-Christ Notre-Seigneur. Ainsi soit-il.

INVOCATION

O Marie Enfant, je vous consacre mon cœur et vous recommande ma patrie, le Pape et l'Église. (Indulgence de 40 jours.)

† JULES, Évêque de Laval, 4 novembre 1897.
† RENÉ-FRANÇOIS, Arch. de Tours, 25 juill. 1900.

PRIÈRE A MARIE AU BERCEAU

Glorieuse Fille du ciel, aurore du Soleil de justice, nous venons à vos pieds, le cœur plein d'une joie sainte, en union avec les Esprits bienheureux qui entourent votre berceau, vous offrir l'hommage de notre vénération et de notre amour. Nous vous prions, Marie Enfant, de nous bénir et de nous protéger maintenant et toujours. Accordez-nous les grâces que nous sollicitons de votre cœur immaculé. Soyez notre avocate auprès de Dieu le Père, dont vous êtes la Fille, du Fils dont vous êtes la Mère, et du Saint-Esprit dont vous êtes l'Épouse, ô Marie Enfant, et que votre simplicité et votre pureté soient notre partage.

Daignez nous rendre, près de votre berceau, l'innocence que le saint baptême nous avait fait recouvrer.

Donnez-nous aussi une abondante participation aux fruits et aux grâces qui sont attachés à votre glorieuse naissance.

Nous approuvons la prière ci-dessus et accordons 40 jours d'indulgence aux fidèles qui la réciteront avec piété.

7 avril 1908.

† René-François,
Archevêque de Tours.

PRIÈRE A MARIE ENFANT

Douce petite Marie, vous qui, ayant été choisie pour être la Mère de Dieu, vous montrez aussi notre auguste Souveraine et notre très aimante mère en accomplissant parmi nous tant de prodiges de grâces, daignez écouter avec compassion nos humbles prières. Dans les besoins qui nous pressent, et surtout dans l'affliction où nous nous trouvons en ce moment, toute notre espérance repose en vous. O sainte Enfant, en considération des privilèges qui ne furent accordés qu'à vous seule et en vertu de vos mérites, faites-nous ressentir encore l'effet de vos miséricordes. Montrez que la source des trésors spirituels et des bienfaits incessants que vous dispensez est intarissable, votre puissance sur le cœur paternel de Dieu étant sans bornes. Ah ! par cette immense profusion de grâces que le Très-Haut déversa sur vous dès le premier instant de votre Conception immaculée, exaucez notre supplication, ô céleste Petite, et nous louerons éternellement la bonté de votre cœur.

40 jours d'indulgence.

8 décembre 1900.

† René-François,
Archevêque de Tours.

CONSÉCRATIONS

PRONONCÉES LE 17 FÉVRIER 1898
LE JOUR DE L'INAUGURATION DU SANCTUAIRE
DE LA TRÈS SAINTE VIERGE MARIE ENFANT A LAVAL

ELLES FURENT COMPOSÉES
PAR Mgr LE CHANOINE DISSARD, PRÉLAT DE SA SAINTETÉ

PREMIÈRE CONSÉCRATION

CONSÉCRATION DU CLERGÉ

PRONONCÉE PAR Mgr L'ÉVÊQUE POUR LUI ET SON CLERGÉ

Au nom du Père, et du Fils, et du Saint-Esprit.
Ainsi soit-il.

Marie, Vierge immaculée, forme et reine du clergé, je viens, en mon nom et au nom de tous mes prêtres, déposer notre plus filial hommage aux pieds de votre très gracieuse, très douce et très sainte Majesté.

Jamais vous n'avez existé un seul instant sans être tout immaculée, toute belle, toute brillante de la grâce sanctifiante, que vous avez possédée au moment même de votre création comme nulle créature ne la possédera jamais. Nous professons votre Immaculée Conception, ô douce Marie; par conséquent nous vénérons votre sainte petite Enfance, comme la vénérait la cour céleste tout entière, alors qu'ignorée encore de la terre vous étiez déjà connue au ciel.

Dans le charme ravissant de votre petite Enfance, divine Mère de Jésus, vous étiez bien réellement pour le ciel, qui vous connaissait, l'aurore naissante, le doux astre de la nuit et le brillant soleil illuminant le jour de ses feux : aurore pour la terre et les cieux, puisque de vous devait naître le Soleil de justice; douce lumière de l'astre des nuits, puisque, dans l'attente du Rédempteur promis au monde, le Ciel pouvait contempler en vous le plus beau chef-d'œuvre sorti alors des mains du Créateur, et sous des apparences si faibles, sous des dehors si gracieux, que les regards angéliques n'en éprouvaient ni effroi ni éblouissement; mais, en même temps, soleil splendide pour les regards plus perçants de Dieu, car de vous devait s'élever le divin Soleil, et votre âme, revêtue de la grâce sanctifiante, resplendissait dans les pensées éternelles de Dieu comme un astre lumineux. *Quasi aurora consurgens, pulchra ut luna, electa ut sol.*

Nous nous consacrons à votre Enfance, sainte Vierge Marie, pour que vous nous rendiez tels que nous voulait Jésus, quand, plaçant un petit enfant au milieu de ses apôtres, il dit à ces premiers Pontifes, à ces premiers évêques, à ces premiers prêtres : *Si vous ne devenez comme de petits enfants, vous n'entrerez pas dans le royaume des cieux.* O Vierge Enfant, par votre immaculée Conception, votre naissance et votre enfance, formez en nous cette enfance divine que réclame le Dieu né de vous, afin que, par vous, nous parvenions à la plénitude de l'âge mûr du Christ, dans la gloire éternelle. Ainsi soit-il.

DEUXIÈME CONSÉCRATION

AU NOM DES FIDÈLES

Au nom du Père, et du Fils, et du Saint-Esprit. Ainsi soit-il.

Douce Vierge Marie, nous venons humblement vénérer votre Enfance. Sous ces faibles dehors vous réjouissiez le ciel, et Dieu prenait en vous ses complaisances les plus infinies en attendant Jésus, comme le disent de vous les Livres saints : *Parce que j'étais petite, j'ai plu au Très-Haut.*

O doux bijou de ce grand Dieu, Enfant chérie du ciel, daignez nous associer à votre sainte Enfance. Puissions-nous par elle mériter de garder l'innocence, la sincérité et l'amour filial de cœurs d'enfants à l'égard de Dieu. Divine Vierge Enfant, donnez-nous d'attirer sur nous-mêmes, sur ceux que nous aimons, les regards complaisants du Seigneur.

Vierge Enfant, attente des nations et du ciel, effroi des enfers, daignez rendre aux familles chrétiennes le sentiment de leurs plus nobles devoirs envers Dieu, envers l'Église, envers leur pays et envers eux-mêmes.

Vierge Enfant, écartez des foyers catholiques la mort qui vide les berceaux, écartez le péché qui tue les âmes et prépare la mort des corps.

Rendez, ô Vierge Enfant, au beau pays de France son âme sainte, chrétienne, vaillante, simple, laborieuse et héroïque des temps passés. Redonnez à notre cher et grand pays les nombreux foyers d'autrefois. Redonnez, ô Marie, à ces foyers de notre France, les légions d'anges qui jadis peuplèrent son sol et, devenus hommes, firent à travers le monde rayonner la pensée libératrice du Christ votre Fils.

O Vierge Enfant, douce reine du noble pays de France, prenez pitié de votre royaume, de vos aimants sujets, et écartez-en toute trahison, toute perfidie, tout mal, par la candeur, le charme et la faiblesse toute-puissante de votre Enfance.

Soyez, ô Marie, à notre pays, l'aurore qui annonce le jour, la lune qui éclaire nos nuits, le soleil qui resplendit sur nos âmes et féconde leurs labeurs.

Aimable Vierge Enfant, sur vous le Très-Haut ne peut jeter qu'un regard d'infini amour ; sa colère tombe et se désarme dès que ses yeux voient la pauvre humanité en votre douce

Enfance. Protégez donc nos pères, nos mères, nos époux, nos épouses, nos enfants, nos frères, nos sœurs, tous nos amis. A votre Enfance, ô Marie, nous remettons en toute confiance le soin de nos destinées temporelles et éternelles, l'avenir et le présent de notre patrie. Nous vous consacrons nos vies, nos âmes, nos corps, nos pensées, nos familles, nos gloires, nos deuils, nos prêtres, nos hommes d'État, nos guerriers, nos écrivains, nos poètes, nos penseurs, nos artistes, nos ouvriers, nos artisans et nos laboureurs.

O Vierge Enfant, sauvez-nous, et sauvez notre noble pays de France : vous avez écrasé de votre pied virginal toute hérésie en écrasant la tête du démon. Vierge Enfant, écrasez les peuples hérétiques, les infidèles qui, par les armes, voudraient attaquer la liberté de votre peuple, et faites de ce peuple roi, ô douce Enfant Marie, un peuple de saints en ce monde, pour qu'il soit éternellement le peuple chéri du Dieu dont vous êtes la Mère, l'Épouse et la Fille. Ainsi soit-il.

TROISIÈME CONSÉCRATION

AU NOM DES ENFANTS

Au nom du Père, et du Fils, et du Saint-Esprit. Ainsi soit-il.

Vierge Marie, notre Mère chérie et notre divine petite sœur, nous, vos petits, nous venons vers vous vous vénérer telle que vous étiez dans votre berceau. Petite sœur, même alors vous étiez bien grande, puisque le bon Dieu vous aimait comme devant devenir la grande reine du ciel et la Mère de son Fils, notre Dieu Sauveur Jésus!... Et, nous aussi, nous sommes bien grands, quoique tout petits, puisque, grâce à vous, nous devons devenir des dieux, en devenant d'autres Jésus. Pour cela, protégez notre enfance; donnez-nous un père et une mère qui vous aiment et méritent d'être bénis de vous; donnez-nous de saints parents qui, à l'exemple de saint Joachim et de sainte Anne, vos bienheureux parents à vous, attirent sur nous les grâces du bon Dieu.

Vierge Enfant, notre sœur, faites de nous de grands chrétiens et de grandes chrétiennes; sûrement alors, de notre petite enfance il surgira de grandes choses, comme de la vôtre a surgi la plus grande création de Dieu.

Nous, vos petits, nous vous consacrons nos corps pour qu'ils grandissent sains et vigoureux et que vous écartiez d'eux tout danger; nos âmes, pour qu'elles demeurent pures et s'épanouissent en Dieu, sans tache d'erreur et de péché; nos cœurs, et tout ce qu'ils renferment et renfermeront jamais, afin que, comme il convient à des frères et à des sœurs d'une aussi divine enfant que Vous, ô *Maria Bambina*, rien de lâche, rien de non français, rien qui ne soit très noble ne les souille.

Sainte Vierge Enfant, faites notre pays de France le premier du monde par la foi, la gloire, la force, la science et les armes; nous, ses enfants, nous vous le demandons pour lui, et nous vous prions de faire de nous les plus dignes fils de ce pays, devenu par vous le plus grand de la terre et le plus digne de l'amour du ciel.

Donnez à nos parents, à nos pères et mères, longue vie sur la terre, et rendez-les heureux de tout bonheur, mais surtout par nous leurs enfants, qui les ferons heureux, si vous avez daigné nous faire dignes de vous, notre divine petite sœur, à qui nous nous consacrons par le plus aimant de nos baisers et le plus pur amour de nos jeunes cœurs.

Ainsi soit-il.

QUATRIÈME CONSÉCRATION.

AU NOM DES TOUT PETITS ENFANTS

Au nom du Père, et du Fils, et du Saint-Esprit. Ainsi soit-il.

Douce petite Enfant Marie, nous venons, nous, vos plus petits frères et vos plus petites sœurs, vous consacrer nos personnes, nos papas et nos mamans, pour que vous nous fassiez tous selon le cœur du bon Dieu. Gardez-nous surtout, nous, vos tout petits, dans la pureté, la simplicité et l'innocence de notre âge. Faites-nous grandir dans l'amour du bon Dieu, dans la force du corps et de l'âme, sans pécher jamais. Ainsi soit-il.

HYMNE DU Xe SIÈCLE

EN L'HONNEUR DE LA NATIVITÉ DE MARIE

O SAINTE Souveraine du monde, illustre Reine des cieux ! O Marie, étoile de la mer, Vierge Mère digne de Dieu !	O SANCTA mundi Domina, Regina cœli inclyta, O stella maris, Maria, Virgo mater deifica !
Grandissez, douce Enfant ; verdoyez, petite branche qui porterez l'auguste fleur, le Christ Dieu et homme.	Emerge, dulcis filia, Nitesce jam virguncula Florem latura nobilem Christum Deum et hominem.
Nous célébrons l'annuelle solennité de votre naissance, le jour où d'une souche de choix vous êtes venue au monde en votre splendeur.	Natalis tui annua En colimus solemnia, Quo stirpe electissima Mundo fulsisti genita.
Par vous nous avons, habitants de la terre et citoyens des cieux, scellé la paix en tout honneur, d'inappréciable manière.	Per te sumus, terrigenæ Simulque jam cœligenæ, Pacata pace nobili More inæstimabili.
Donc, que toujours soit à la Trinité gloire et victoire, en sa puissante unité dans les siècles des siècles.	Hinc Trinitati gloria Sit semper ac victoria In unitate solida Per sæculorum sæcula.
Ainsi soit-il.	Amen.

SÉQUENCE DU XIVe SIÈCLE

LA naissance de la Vierge Marie, qui nous a purifiés de la tache de nos crimes, se célèbre en ce jour, jour	NATIVITAS Mariæ Virginis Quæ nos lavit a labe criminis

Celebratur hodie;
Dies est lætitiæ :
De radice Jesse propaginis,
Hanc eduxit Sol veri luminis
Manu Sapientiæ.
Templum suæ gratiæ.

Stella nova noviter oritur,
Cujus ortu mors nostra moritur,
Evæ lapsus jam restituitur
In Maria;
Ut aurora surgens progreditur,
Sicut luna pulchra describitur,
Super cunctas ut sol eligitur
Virgo pia.

Virgo Mater et Virgo unica,
Virga fumi sed aromatica,
In te cœli mundique fabrica
Gloriatur :
Te signarunt ora prophetica,
Tibi canit Salomon cantica
Canticorum, te vox angelica
Protestatur.

Verbum Patris processu temporis,
Intra tui secretum corporis,

d'allégresse ! C'est le rejeton que le Soleil de la vraie lumière fit surgir de la tige de Jessé ; c'est l'œuvre de la Sagesse, le temple de sa grâce.

Lever nouveau d'une étoile nouvelle, dont la naissance met à mort notre mort ! la chute d'Ève se répare en Marie. Elle s'avance comme l'aurore qui grandit ; de la lune elle présente aux yeux la beauté ; sur tous les astres elle l'emporte comme un soleil, la Vierge très douce !

Vierge Mère et Vierge incomparable, nuage de parfums, de vous sont fiers et ce monde et les cieux. Les Prophètes vous ont signalée ; Salomon vous chante le divin cantique ; la bouche de l'Ange atteste votre grandeur.

Dans la suite, le Verbe du Père prit pour retraite votre corps, à la fois en vous tout entier et tout entier par delà.

Fruit savoureux d'un arbre qui ne connut pas la rosée, le Christ est aussi ce géant de force sans pareille qui nous a délivrés du funeste engagement.

Le fils du sein virginal a eu pitié du genre humain ; enfants, vieillards, que tous s'appliquent à célébrer la Vierge. Celui qui possédait tout droit de nous tenir rigueur pour le péché des premiers parents, s'est fait de Dieu et de l'homme le médiateur.

O Marie, de quel doux commerce votre sein ne déroba-t-il pas le mystère, quand remède et salut furent accordés aux coupables ! O notre joie, notre véritable espérance, faites qu'après la course de cette vie nous soit donnée aux cieux la récompense désirée.

Ainsi soit-il.

In te totum et totum deforis
Simul fuit :
Fructus, virens arentis arboris,
Christus, gigas immensi roboris,
Nos a nexu funesti pignoris
Eripuit.

Condoluit humano generi
Virginalis filius uteri,
Accingantur senes et pueri
Ad laudem Virginis :
Qui poterat de nobis conqueri
Pro peccato parentum veteri
Mediator voluit fieri
Dei et hominis.

O Maria, dulce commercium
Intra tuum celasti gremium,
Quo salutis reis remedium
Indulgetur :
O vera spes et verum gaudium,
Fac post vitæ præsentis stadium,
Ut optatum in cœlis bravium
Nobis detur. Amen.

RÉPONS

EN L'HONNEUR DE LA NATIVITÉ DE MARIE (SAINT FULBERT DE CHARTRES ET ROBERT LE PIEUX)

℟. Solem justitiæ Regem paritura supremum : * Stella Maria maris hodie processit ad ortum.

℣. Cernere divinum lumen gaudete, fideles. * Stella Maria maris hodie processit ad ortum.

℟. Stirps Jesse virgam produxit, virgaque florem : * Et super hunc florem requiescit Spiritus almus.

℣. Virgo Dei Genitrix virga est, flos Filius ejus. * Et super hunc florem requiescit Spiritus almus.

℟. Ad nutum Domini nostrum ditantis honorem : * Sicut spina rosam, genuit Judæa Mariam.

℣. Ut vitium virtus operiret, gratia culpam. * Sicut spina rosam, genuit Judæa Mariam.

℟. Pour engendrer le Soleil de justice, monarque suprême : * Étoile de la mer, Marie se lève et elle naît en ce jour.

℣. Fidèles, réjouissez-vous d'avoir à contempler la lumière de Dieu. * Étoile de la mer, Marie se lève, et elle naît en ce jour.

℟. La tige de Jessé a produit une branche ; la branche a produit une fleur : * Et sur cette fleur repose l'Esprit-Saint.

℣. La Vierge Mère de Dieu est la branche : la fleur, c'est son Fils. * Et sur cette fleur repose l'Esprit-Saint.

℟. Par le bon plaisir du Seigneur ennoblissant en nous ses dons : * Comme l'épine la rose, la Judée engendra Marie.

℣. Pour que le vice fût surmonté par la vertu, le péché par la grâce. * Comme l'épine la rose, la Judée engendra Marie.

Gloire au Père, et au Fils, et au Saint-Esprit.* Comme l'épine la rose, la Judée engendra Marie.

Gloria Patri, et Filio, et Spiritui Sancto. *Sicut spina rosam, genuit Judæa Mariam.

SALUTATION

A LA BIENHEUREUSE VIERGE MARIE ENFANT PAR LE BIENHEUREUX JEAN EUDES

JE vous salue, Marie Enfant, vous êtes pleine de grâce, le Seigneur est avec vous; vous êtes bénie à jamais, et bénis sont vos très saints parents Joachim et Anne, dont vous êtes le rejeton immaculé. O Mère de Dieu, intercédez pour nous.

AVE, Maria Infans, gratia plena, Dominus tecum; benedicta tu in æternum; et benedicti sanctissimi parentes tui Joachim et Anna, ex quibus immaculata processisti. Dei Genitrix, intercede pro nobis.

ANTIENNE

NOUS recourons à votre protection, sainte et aimable Enfant Marie; ne méprisez pas nos prières dans nos détresses; mais délivrez-nous toujours de tous les dangers, ô Vierge comblée de gloire et de bénédiction.

ANTIENNE

SUB tuum præsidium confugimus, sancta et amabilis Infans Maria; nostras deprecationes ne despicias in necessitatibus nostris; sed a periculis cunctis libera nos semper, Virgo gloriosa et benedicta.

℣. Priez pour nous, ô sainte Enfant Marie.

℟. Afin que nous devenions dignes des promesses de Jésus-Christ.

℣. Ora pro nobis, sancta Infans Maria.

℟. Ut digni efficiamur promissionibus Christi.

ORAISON

DIEU tout-puissant et miséricordieux (voir plus haut à Matines du Petit Office).

OREMUS

OMNIPOTENS et misericors Deus, etc. (comme à Matines du Petit Office).

SALUTATION A MARIE AU BERCEAU (DOM GUÉRANGER)

Salut, monde nouveau où les magnificences de la création primitive sont dépassées! salut, port fortuné dont le repos s'offre à nous après tant d'orages! L'aurore paraît; l'arc-en-ciel brille; la colombe s'est montrée; l'arche touche terre, ouvrant au monde de nouvelles destinées. Le port, l'aurore, l'arc-en-ciel, la colombe, l'arche du salut, le paradis du céleste Adam, la création dont l'autre n'était qu'une ébauche, c'est vous, douce Enfant, en qui déjà résident toute grâce, toute vérité, toute vie.

Vous êtes la petite nuée que le Père des prophètes attendait dans l'angoisse suppliante de son âme, et qui apporte à la terre desséchée la fraîcheur; sous la faiblesse de vos membres si frêles apparait la Mère du bel amour et de la sainte espérance. Vous êtes cet autre léger nuage d'exquis parfum qu'exhale aux cieux notre désert; l'incomparable humilité de votre âme qui s'ignore révèle leur Reine aux anges, armés en guerre près de votre berceau.

O Tour du vrai David, citadelle où, du premier choc, s'est brisé l'enfer; vraie Sion, dès l'abord fondée sur les saintes montagnes, au sommet des vertus; temple et palais dont ceux de Salomon étaient l'ombre; maison que l'éternelle Sagesse s'est bâtie pour elle-même : le plan réalisé dans vos lignes si pures était arrêté dès l'éternité. Avec l'Emmanuel qui vous prédestina pour son lieu de délices, vous êtes vous-même, Enfant bénie, le sommet de toute création, l'idéal divin pleinement réalisé sur terre...

STROPHES EN L'HONNEUR

DE SAINT JOACHIM ET DE SAINTE ANNE EMPRUNTÉES AUX MENÉES GRECQUES

Que le ciel tressaille, que la terre soit dans l'allégresse; car le ciel de Dieu, car son épouse naît aujourd'hui sur la terre. Comme elle en avait eu la promesse, la stérile allaite une enfant; Marie fait la joie de son père Joachim, qui dit : A moi la branche où fleurit le Christ, fils de David !

Anne maintenant peut dire au Seigneur : Vous avez exaucé mes prières, en me donnant pour fruit dans ce jour celle qui a été prédestinée entre les femmes de toutes les générations pour être votre Mère sans tache.

Ève aujourd'hui voit reviser sa sentence; Adam est relevé de la malédiction d'autrefois, et il s'écrie à votre naissance, ô immaculée : En vous nous sommes rachetés de la mort.

Exultet cœlum, lætetur terra; quippe Dei cœlum, sponsa Dei, partu in terra edita est. Sterilis infantem Mariam ex repromissione lactat, gaudetque pro partu Joachim : Mihi, inquiens, virga nata est, ex qua germinavit flos Christus ex radice David.

Exaudisti, Domine, preces meas, Anna dicat, mihi hodie fructum eam præbens, quæ ex cunctis generationibus atque feminis præfinita est intemerata Mater tua.

Eva hodie damnatione absoluta est; Adam item absolutus ab antiqua maledictione, clamans in tua nativitas, immaculata : In te sumus a morte redempti.

Audio David tibi concinentem : adducentur virgines post te, adducentur in templum Regis : ipseque, conserta cum eo voce, Regis filiam celebro canticis.

J'entends David chanter qu'à votre suite viendront les vierges, pour être présentées dans le temple du Roi ; et moi aussi, unissant ma voix à la sienne, je célèbre la fille du Roi dans mes chants.

Steriles, animæ infecundæ, adeste festinantes; nam Annam multa nunc prole gaudet. Matres, choros ducite cum Matre Dei.

Venez, stériles, âmes infécondes : Anne a maintenant nombreuse descendance. Vous, mères, menez les chœurs avec la Mère de Dieu.

Res stupenda : fons vitæ de sterili nascitur. Gaude, Joachim : non enim tui similis inter patres, per quem data est nobis virgo Deum suscipiens, tabernaculum divinitatis, mons sanctus.

Prodige ! de la stérile naît la source de la vie. Réjouis-toi, Joachim : tu n'as pas de semblable entre les pères ; par toi nous est donnée la vierge en qui Dieu descend, le tabernacle de la divinité, la montagne sainte.

Exultate, populi : lucis thalamus e ventre prodiit porta orientalis, hodie genita, ingressum magni præstolatur sacerdotis, ad salutem animarum nostrarum.

Tressaillez, peuples : la chambre nuptiale de la lumière est apparue, sortant du sein d'une mère ; la porte orientale, aujourd'hui engendrée, attend l'entrée du grand prêtre qui vient sauver nos âmes.

HYMNE

DU XVIIe SIÈCLE
EN L'HONNEUR DE LA TRÈS SAINTE VIERGE ENFANT
POUR LE JOUR DE SA PRÉSENTATION AU TEMPLE

Qu'elle est belle la démarche de la fille du Prince, se hâtant d'arriver au parvis du Seigneur ! Elle prélude, par le sien propre, au sacrifice de l'hostie plus précieuse, qu'elle offrira bientôt.

Encore enfant, elle accourt, non d'un pas incertain, des bras de sa mère dans le sein de Dieu ; et cette Vierge, dont le cœur est un autel consacré à la Divinité, se présente devant les autels comme victime.

En prenant Dieu pour son Époux, elle lui voue son tendre corps ; elle lui dédie l'intérieur de son cœur virginal, et consacre déjà son propre sein au Verbe, dont elle doit être la Mère.

O Vierge, qui dans votre ferveur vouez à Dieu toutes choses avec vous, de quelle usure le Dieu qui habite dans votre cœur ne paye-t-il pas les biens que vous lui sacrifiez de la sorte ?

Quam pulchre graditur filia principis,
Templi jam properat limina tangere !
Præludit meliori
Quam mox offeret hostiam.

E matris gremio, Numinis in sinum,
Infans non dubiis passibus advolat ;
Virgo, Numinis ara,
Aris victima sistitur.

Sponso membra Deo mollia devovet ;
Cordis virginei dedicat intima :
Verbo debita Mater,
Verbo viscera consecrat.

Tecum cuncta Deo prodiga dum voves,
Numen, Virgo, tui pectoris incola,
Quanto fenore pensat
Terræ quæ bona despicis !

Quid nos illaqueant improba gaudia ?
Cur nos jam pigeat vincula rumpere ?
Dux est Virgo sacerdos ;
Fas sit quo properat sequi !

Ergo, nunc tua gens se tibi consecrat ;
Ergo nostra manes portio, tu Deus.
Qui de Virgine natus,
Per nos sæpe renasceris.

Sit laus summa Patri, summaque Filio ;
Sit par, sancte, tibi gloria, Spiritus !
Si nos intus aduris,
Puro corde litabimur.
Amen.

Pourquoi de misérables joies nous retiennent-elles ? Pourquoi différer encore de rompre tous nos liens ? Vierge et prêtre, elle nous ouvre la voie ; qu'il nous soit donc donné de marcher à sa suite !

Maintenant donc, ô Dieu, votre tribu se consacre à vous ; donc vous demeurez notre unique partage, vous qui, né de la Vierge, daignez si souvent prendre par nous une nouvelle naissance.

Gloire suprême au Père, gloire suprême au Fils, égale gloire à vous, Esprit-Saint ! Si vos flammes nous pénètrent, nous offrirons d'un cœur pur le divin sacrifice.

Ainsi soit-il.

Cette hymne a été approuvée par Mgr l'Évêque de Bayeux, le 8 septembre 1907.

On la chante en plusieurs diocèses à la rénovation des promesses cléricales.

HYMNE[1]

O Marie, tu nais fille de Dieu, intacte de notre souillure et remplie de grâces; le Très-Haut t'a sacrée temple du Verbe incarné.

L'aurore, par sa blanche lueur, trahit l'approche du soleil, et son éclat est d'autant plus limpide qu'aucun nuage ne le voile :

Ainsi, fille chérie du Père, mère future du Fils, épouse de l'Esprit consolateur, tu annonces par ta naissance la venue du Sauveur.

Cœur sans tache, riche de toutes vertus, quelle divine complaisance provoque ta sainteté !

Cette gloire d'enfant surpasse l'imagination de l'esprit humain; mais que de grâces en augure l'âme habituée aux célestes pensées !

Toi dont la naissance apporte tant de joie aux bienheureux, exauce avec amour notre prière, fais-nous admettre aux fêtes du ciel.

[1] Nous empruntons au *Serta flosculorum* de l'abbé Guéneau, missionnaire apostolique (Hong-Kong,

HYMNE[1]

Non læsa nostro vulnere
Deo, Maria, nasceris;
Omnique plena gratia,
Templum sacraris Filio.

Solem nitore prævio
Aurora prodit proximum,
Eoque fulget pulchrior,
Quo nulla nubes officit.

Sic, lecta Patris Filia,
Mater parata Filio,
Almique Sponsa Spiritus,
Ortu Satorem nuntias.

Cor labe nulla saucium,
Bonisque dives omnibus,
Quam complacentiam Dei
Per sanctitatem provocat!

Infantis illam gloriam
Terrena mens haud percipit,
Sed cor supernis deditum
Quas inde promit gratias!

Tu quæ beatis gaudium,
Nascendo, tantum suscitas,
Nobis amanter annuens,
Ad festa cœli pertrahe.

1907), l'hymne ci-dessus, composée en l'honneur de la Nativité de Marie.

Les fidèles t'offrent leurs supplications, petites guirlandes que, de cœur et de bouche, ils te tressent avec joie; reçois-les dans ta bénignité.

Chasse loin d'eux les démons, remplis-les de tes grâces, et, dans les luttes qu'ils soutiennent, terrasse les troupes ennemies.

Ta puissance est très grande et égale ton amour. Protège la France, allège ses chaînes.

Que par toi les phalanges célestes et les chœurs de la terre chantent des cantiques d'amour à la gloire de la Trinité sainte.

Ainsi soit-il.

Orationum flosculos
Tibi fideles offerunt :
Quos ore, corde nectere
Gaudent, benigna suscipe.

Ab his repelle dæmones,
In his adauge gratiam,
Certamen et dum sustinent
Prosterne vires hostium.

In te potestas maxima
Æqualis et dilectio :
Tuam tuere Galliam,
Angustiatam subleva.

Per te catervæ cœlitum,
Per te chori terrestrium,
Ad Trinitatis gloriam
Jungant amoris cantica.
Amen.

APPENDICE

MARIE ENFANT DANS SA CONCEPTION IMMACULÉE

Il a paru convenable, pour compléter cette étude sur la sainte Enfance de Marie, de condenser et réunir, aussi brièvement que possible, les sentiments des Pères de l'Église et des Docteurs sur les privilèges de l'Immaculée Conception. Tel est l'objet de cet appendice.

L'Immaculée Conception, voilà le premier et l'un des plus glorieux privilèges de Marie Enfant. Il est la source de tous les autres. Il est le commencement nécessaire de la vie incomparable de celle qui devait être la Mère de Dieu et la corédemptrice du genre humain. Il est l'indispensable don, l'apanage divin que l'auguste Trinité devait offrir à celle que, de toute éternité, Dieu le Père avait élue pour être sa Fille, Dieu le Fils avait choisie comme sa Mère, Dieu le Saint-Esprit s'était réjoui d'avoir comme Épouse.

Le Très-Haut, envisageant des profondeurs de l'éternité les désordres et la ruine qu'occasionneraient dans l'univers tant la faute des anges rebelles que celle de nos premiers parents, éprouva un contentement divin à créer une image digne de lui, plus parfaite que toutes celles qui sortiraient jamais de ses mains, tenant de la nature angélique par sa partie supérieure, renfermant dans sa partie inférieure un abrégé de toutes les merveilles de la nature, et par le fait de cette union appartenant à la race humaine.

Le péché d'orgueil avait souillé les parvis des anges; mais il plut à Dieu qu'une humble Vierge fût la Mère de Celui en vue des mérites futurs duquel les bons esprits eurent la grâce de rester fidèles.

La désobéissance ayant pénétré dans ce jardin de délices appelé le Paradis terrestre, où Dieu se promenait seul avec Adam, et ayant fait déchoir l'homme et ses descendants de la justice originelle, il était de la sagesse divine de soustraire, à ce mal universel et lamentable dont tous sont marqués en naissant, Celle qui devait monter jusqu'au trône de la divinité, et, par son humilité et sa sainteté éminentes, attirer le Verbe divin sur la terre désolée.

Ainsi, la Trinité tout entière décida l'Immaculée Conception de Marie, parce que le Père, le Fils et l'Esprit-Saint ne pouvaient et ne devaient avoir qu'une Fille, une Mère et une Épouse immaculée. L'auguste dignité des divines Personnes l'exigeait; l'excellence de cette créature idéale, leur amour pour elle et le but de sa création le réclamaient.

Qui donc pourra s'imaginer avec quelle attention adorable Dieu prépare la merveille de son amour : la très pure, l'immaculée Marie? La splendeur qu'il donne à son âme surpasse celle de ses ardents séraphins, et l'exquise harmonie de son corps fait pâlir la beauté radieuse d'Ève.

Devant cette créature unique et presque divine, les chœurs angéliques, ravis d'admiration, se sont prosternés en proclamant leur Souveraine.

L'humanité, à son tour, est venue, pauvre coupable, tomber à genoux devant la Réparatrice de la faute du premier homme. L'amour jaillissant du cœur humain a créé l'art; et ces filles du ciel, la poésie, la littérature, la peinture et la sculpture, confondues, extasiées devant cette beauté à nulle autre pareille, hésitent à nous en donner même une idée imparfaite.

Devant cette impuissance, plus d'un poète laisse sa lyre éclater en soupirs désolés... Qui vous louera jamais dignement, Vierge immaculée! Plus d'un peintre célèbre abandonne ses pinceaux dans le désespoir de ne pouvoir jamais en fixer la beauté, et parfois les anges viendront achever la toile commencée. Plus d'un artiste fameux envie au soleil ses rayons de feu, sa splendeur éblouissante, pour immortaliser l'image de Marie en des vitraux merveilleux, dont nos vieilles cathédrales sont encore fières aujourd'hui. Quel tableau, quelle verrière de la Vierge n'ont leur légende, leur odyssée touchante?

Des savants illustres, des docteurs, des Pères de l'Église soutiennent brillamment le sublime privilège de Marie : sa conception immaculée.

La chrétienté tressaille aux accents de ces voix inspirées. Elle applaudit ces concerts de louanges, et le siècle qui vient de s'écouler voit enfin fidèles et prélats s'unir dans un commun élan pour acclamer, par la voix du vicaire de Jésus-Christ, la très sainte Vierge conçue sans la tache originelle.

Pour donner à nos pieux lecteurs la douce joie de relire en quelques pages les points essentiels d'une si magnifique doctrine, nous étudierons : 1° l'Immaculée Conception dans les desseins éternels de Dieu, l'Écriture sainte, les docteurs et les saints;

2° L'Immaculée Conception dans l'histoire des peuples anciens, des coutumes de divers pays, et des traditions depuis le Christianisme.

§ I

L'Immaculée Conception dans les desseins divins, l'Écriture sainte, les docteurs et les saints.

La grâce surnaturelle dont l'homme était revêtu avant sa chute soumettait la chair à l'esprit et le constituait dans l'état d'intégrité, dans l'harmonie la plus parfaite de l'union du corps et de l'âme. De plus, elle l'enrichissait d'une sorte de seconde nature infiniment supérieure à la nature humaine, l'élevait à cet état supérieur qui est l'état surnaturel, et lui donnait droit à l'immortalité et au bonheur, apanage des anges demeurés fidèles. Le péché ayant dépouillé l'homme de la grâce et de la justice originelle, cette intégrité ne subsistait plus. L'homme redevenait mortel, sans espoir de résurrection, d'une nature tout inférieure, sans aucune aptitude à la vie bienheureuse et divine, soumis à tout ce qui était d'ordre supérieur, victime et prisonnier tout à la fois de son vainqueur le démon.

Il n'en pouvait être ainsi à l'égard de la Mère de Notre-Seigneur Jésus-Christ.

Comment ne pas croire qu'avant de tirer du néant l'âme de sa Mère, le Seigneur décida de créer cette âme dans un état non seulement égal à celui d'Adam et d'Ève, lorsqu'il les établit dans une parfaite sainteté au Paradis terrestre, mais dans un état encore bien supérieur, puisque, nouvelle Ève, elle devait porter dans son corps virginal et former de ce corps idéal le corps même du Fils de Dieu, le nouvel Adam, son fils à elle par l'humanité? Aussi, revêtue de la plénitude de la grâce sanctifiante à l'instant même où elle fut conçue, elle fut confirmée dans cette grâce dès ce premier instant, et ne put jamais en déchoir.

C'est à ce corps sacré et merveilleux que le Christ empruntera la chair qu'il s'est unie hypostatiquement et qu'il a placée avec lui à la droite de Dieu dans les cieux. Or, comme nul ne hait sa propre chair, comme chacun, au contraire, la nourrit et la conserve, avec quel amour Dieu n'a-t-il pas présidé à la formation du corps de Marie, et de quelles grâces ne l'a-t-il pas comblé !

« Après avoir disposé le corps de la très sainte Vierge en toute perfection, Dieu, dit Alvarez de Paz, tira du néant l'âme la plus parfaite par sa nature après l'âme de son Fils, et il l'unit au corps sacré de Marie. Mais au moment même de cette création, de cette union, le Seigneur l'investit de toute la plénitude de sa grâce. » Il est dit : « Dieu vous a protégée dès le grand matin. » Ainsi, à ce premier instant de l'existence de Marie, Dieu se hâta de l'envelopper de sa grâce comme d'un manteau, afin que le péché originel, qui n'est que la privation de cette même grâce, ne pût parvenir jusqu'à elle et souiller de la tache la plus légère sa candeur virginale.

La croyance à l'Immaculée Conception est aussi ancienne que le monde. Dès les premières pages de la sainte Ecriture, nous voyons Dieu lui-même annoncer à nos premiers parents le privilège de celle qui serait immaculée au milieu de leur race déchue. S'adressant au serpent maudit, au moment même où il venait de séduire la première femme, il lui annonce qu'une autre femme lui écrasera la tête. « Je mettrai, dit-il, une inimitié entre sa race et la tienne, et elle te brisera la tête. »

Or, cette femme, qui devait briser la tête du serpent, pouvait-elle réellement le faire si elle eût été, ne fût-ce qu'un instant, sous sa domination, par le fait de la tache originelle ?

Celle qui devait *écraser sa tête* devait lui échapper, lui être soustraite dès le premier moment de sa conception, et ne lui appartenir ni par suite de la déchéance originelle, ni par suite de quelque faute actuelle ou des conséquences de ces fautes.

Inviolable, immaculée, sans tache devait être cette femme, nouvelle Eve, vierge, destinée à la maternité divine sans altérer son ineffable pureté. Une raison de haute convenance le commandait.

Plus tard, Dieu renouvelle sa promesse au juste Noé, puis à Abraham. Lorsque le Très-Haut dit au Père des croyants qu'en lui toutes les nations de la terre seront bénies, il annonçait la Vierge, Mère du Rédempteur.

Les prophètes l'aperçoivent, et le mystère de la Vierge et du Messie se dévoile encore en termes magnifiques. Le saint roi David entrevoit la virginité de Marie et la naissance admirable du Fils de Dieu. « Sa naissance, dit-il, non souillée comme celle des enfants des hommes, sera pure comme la rosée de l'aurore. » Puis, élevant encore son regard, il contemple celui que Dieu lui a donné comme fils, selon la chair, assis à la droite de Jéhovah sur un trône plus haut que le ciel et les astres.

Après David, Salomon se complaît à tracer

son image. Il voit la très sainte Vierge s'élever, au milieu des filles de Juda, « telle qu'un lis entre les épines »; ses yeux sont doux « comme ceux des colombes; » ses lèvres, semblables à une « bandelette d'écarlate », sont « un rayon d'où découle le miel »; sa démarche est aérienne « comme la fumée des parfums »; sa beauté le dispute en éclat « à la lune naissante »...

Élie, en prière sur le Carmel, pour obtenir la fin de la longue sécheresse de trois ans, découvre Marie sous la forme d'une nuée transparente. Le saint prophète, inspiré de Dieu, bâtit, sur le mont béni, le premier oratoire à la future Reine du ciel.

Isaïe déclare à Achab, chef de la maison de David, « qu'un rejeton sortira de la tige de Jessé, une fleur naîtra de sa racine. » « La Vierge concevra et enfantera un fils, et on le nommera Emmanuel. »

Également, dès le commencement du monde, les *symboles* de la Très Sainte Vierge Marie apparaissent et se multiplient :

Cet océan, où toutes les eaux sont rassemblées par la volonté du Créateur, n'est-il pas l'image de Marie, véritable mer de grâces, où sont réunis tous les dons de l'Esprit-Saint?

Ce jardin de délices, planté par le Seigneur, n'est-il pas encore l'image de Marie, véritable jardin fermé, que Dieu s'est choisi pour lui seul?

Mais de ces images, prises au début de la

création, la plus digne d'être considérée comme le symbole de Marie, c'est l'arbre de vie, placé, par Dieu même, au milieu du paradis terrestre. En face de l'arbre de la science du bien et du mal s'élève l'arbre de vie, portant son fruit divin : Marie, tenant son Fils dans ses bras. Heureux celui qui vient se réfugier à son ombre!

L'arche de Noé est une figure frappante de la très sainte Vierge, véritable arche du salut, venue pour sauver le monde. Et cette colombe qui apporte le rameau d'olivier, symbole de paix et de salut, n'est-elle pas une gracieuse image de Marie?

Le buisson ardent, la verge fleurie d'Aaron, la toison de Gédéon et l'arche d'alliance, sont autant de symboles de celle qui doit enfanter le Sauveur.

« L'arche d'alliance, dit saint Bernard, était formée de bois incorruptible pour montrer que, quoique sortie d'une tige souillée par le péché, la Vierge, en raison de l'objet pour lequel elle avait été élue de Dieu, avait été préservée de toute atteinte par l'Esprit-Saint lui-même.

Le cèdre du Liban, le rosier de Jéricho, le lis des champs, le platane qui croît le long des chemins, sur le bord des eaux, sont autant de figures de l'incorruptibilité, de la beauté, de la candeur et de la bienfaisance de Marie.

La nuée est considérée comme un symbole très propre à représenter la Vierge immaculée.

La nuée n'est pas plus tôt formée dans le sein de la terre, qu'elle s'élève, attirée par les rayons du soleil. De même, à peine conçue dans le sein de sa mère, Dieu attira Marie jusqu'à lui, l'élevant à sa parfaite ressemblance, et à la plus haute dignité dont une créature fût capable.

Celle que tant d'images de l'Ancien Testament devaient représenter pouvait-elle ne pas être privilégiée entre toutes les créatures, non seulement par sa dignité de Mère de Dieu, mais encore par la sainteté incomparable de sa conception? Il répugne, il est odieux de penser qu'un seul instant, la Mère du Sauveur ait pu être l'esclave de celui dont elle devait briser la tête.

Après les promesses de Dieu à nos premiers parents et aux patriarches, après les symboles, se placent les *figures* de Marie. Le Seigneur veut que la Très Sainte Mère de son divin Fils soit rappelée au monde par un grand nombre de femmes illustres.

Elles apparaissent, d'âge en âge, pour être comme les précurseurs de leur souveraine, afin que l'éclat des vertus de ces servantes du Très-Haut fasse présumer de l'excellence et de la dignité de leur Reine.

C'est Ève, la mère des vivants; Sara, la mère des croyants, à qui, dans sa stérilité, l'ange annonce le fils de la promesse; Rébecca, désignée dans l'Écriture sous le nom de « l'Alma », nom qui signifie *Vierge cachée, inconnue aux hommes;* Marie, sœur de Moïse, qui, la première entre toutes les femmes, se consacre à la virginité; Axa, fille de Caleb, épouse d'Othoniel, qui veut dire : *Dieu de mon cœur :* la très sainte Vierge n'a-t-elle pas eu le Saint-Esprit comme véritable Dieu de son cœur? Jabel; Judith, la femme admirable qu'on appelle la maîtresse des maîtres, à cause des conseils pleins de sagesse qu'elle donne aux anciens : et la très sainte Vierge est appelée Reine des docteurs, des apôtres, des confesseurs. C'est Esther enfin, sauvant son peuple : or Marie, notre divine Esther, dit saint Bonaventure, a si bien trouvé grâce devant le Seigneur, qu'il lui a accordé l'entière délivrance de son peuple, justement condamné à la mort éternelle.

Quelle sera maintenant l'opinion des saints et des docteurs depuis l'ère chrétienne? Cette vérité sera-t-elle enseignée par les Apôtres? L'auront-ils reçue de leur divin Maître Notre-Seigneur Jésus-Christ, comme faisant partie du dépôt sacré de la foi qu'ils doivent léguer au monde?

Un document trouvé dans la bibliothèque Bodléienne et publié par Jean-Chrétien Wolf (1679-1754) prouve que l'illustre apôtre saint André aurait affirmé, au moment de son martyre, sa foi en l'Immaculée Conception en ces termes : « Comme le premier Adam a été fait de la terre avant qu'elle fût maudite, ainsi le second Adam a été formé d'une terre vierge, immaculée, et qui ne fut jamais maudite. »

Dans la liturgie dite de saint Jacques le Majeur et de saint Marc, on voit le titre de très sainte et immaculée appliqué à Marie : « La Vierge Marie a été préservée de la tache originelle : *Illa Maria fuit a peccato originali præservata.* »

Saint Ctésiphon, disciple de saint Jacques le Majeur, nous assure qu'il a appris de la bouche de ce grand apôtre que Dieu a exempté Marie du péché originel : « Jamais, dit-il, l'ange n'aurait salué la Vierge *pleine de grâce,* si elle avait été conçue dans le péché originel. »

Au IIe siècle, le savant Origène écrit de la bienheureuse Vierge : « Jamais elle n'a été souillée par le poison du serpent : *neque serpentis veneno infecta.* » Ces paroles affirment bien que ce grand génie tenait Marie pour immaculée dès le premier instant de son existence.

Saint Cyprien, qui fut martyrisé en 258, déclare nettement qu'il y a une très grande différence entre le reste des mortels et la très sainte Vierge, qu'elle n'a de commun avec eux que la nature et non la coulpe. « La justice de Dieu, dit-il, ne pouvait permettre que ce Vase d'élection fût profané par les communs outrages. *Non sustinebat justitia Dei, ut illud Vas electionis lassaretur communibus injuriis.* » Le péché originel est la plus grande injure qui ait flétri l'humanité. Les expressions dont se sert l'évêque de Carthage seraient donc inexactes si la tache originelle eût souillé l'âme de Marie.

Au IVe siècle, saint Amphiloque, évêque d'Icone, assure que Dieu a formé notre Reine « sans tache et sans péché : *sine macula et sine peccato* ».

Saint Grégoire de Nazianze, Père de l'Église grecque (328-389), appelle la très sainte Vierge : « une vigne toujours chargée de fruits, la fleur immaculée de la vie : *vitis semper vigens, flos vitæ immaculatus.* »

Saint Jean Chrysostome (347-407) ne craint pas d'affirmer que tout a été sauvé dans la Vierge : *Merito ergo Virginis salva sunt omnia.* Saint Basile professe le culte d'une Vierge sans tache et sans souillure. Saint Éphrem, dit le Syrien, l'appelle « immaculée, sans corruption, toute pure ».

Saint Épiphane, dans son opuscule *De Laudibus Virginis,* appelle Marie : « la Brebis *sans tache,* qui enfanta l'Agneau qui fut le Christ : *Ovis immaculata quæ peperit Agnum Christum.* »

Chrysippe, prêtre de Jérusalem, auteur fort ancien, donne à Marie le nom d'*Immaculée,* et ajoute qu'elle n'a rien de commun avec son peuple pervers, elle qui, de sa nature sans reproche et sans péché, ressemble à la rose plantée sur un sol hérissé d'épines.

L'éminent archevêque de Milan, conseil des empereurs romains, saint Ambroise (340-397), nomme la très sainte Mère de Dieu : « Vierge pure par grâce de toute tache du péché : *Virgo per gratiam ab omni integra labe peccati.* » Et il ajoute : « Marie est une branche qui n'a porté ni le nœud de la faute originelle, ni l'écorce de la faute vénielle : *Virgo est in quâ nec nodus originalis, nec cortex venialis culpæ.* »

Au ve siècle, saint Augustin, dans son cinquième livre contre Julien l'Apostat, écrit : « Tous les hommes sont obligés de confesser qu'ils manquent en beaucoup de choses. J'excepte la très sainte Vierge Marie, de laquelle, par honneur pour le Seigneur dont elle est la Mère, je ne veux nullement qu'il soit question lorsqu'il s'agit de péché. Car nous savons qu'elle a reçu plus de grâces que tous pour vaincre entièrement le péché, elle qui a été digne de concevoir et d'enfanter Celui qui, assurément, n'eut jamais aucun péché. »

Disons donc, ou que le Verbe éternel n'a pas voulu préserver du péché originel sa mère bien-aimée, ou qu'il ne l'a pas pu. Dire qu'il ne l'a pas voulu, c'est blasphémer sa bonté, démentir les saints et accorder plus à Adam et aux anges qu'à la Mère du souverain Seigneur du monde. Dire qu'il ne l'a pu, c'est accuser d'impuissance le Tout-Puissant. Il ne nous reste donc qu'à reconnaître à la fois, et que sa puissance l'a pu, et que sa bonté l'a voulu, et que son cœur l'a exécuté. Ainsi raisonne le R. P. Binet, célèbre jésuite, ami de saint François de Sales (1569-1639).

Le célèbre solitaire de Bethléem, saint Jérôme, l'ami des mystères de l'enfance du Sauveur, dans son commentaire du psaume 77, assure que la Vierge sainte « a été figurée par cette nuée légère que le Prophète avait prédite, laquelle a toujours été dans la lumière et jamais dans les ténèbres ».

Si le péché originel avait pu souiller Marie un seul instant, comment l'illustre docteur de l'Église pourrait-il affirmer qu'elle n'a jamais été dans les ténèbres, mais toujours dans la lumière?

Saint Cyrille d'Alexandrie s'exprime d'une manière décisive sur le premier des privilèges de Marie : « Nous naissons tous avec le péché originel, excepté l'Homme par excellence, né de la Vierge, et excepté aussi cette très sainte Vierge par laquelle l'Homme-Dieu est venu en ce monde. »

Au même siècle, saint Maxime, évêque de Turin, affirme énergiquement ce privilège, en Marie, de la grâce originelle. Il en est de même de saint Procule, disciple et successeur de saint Jean Chrysostome, vers l'an 434, assurant que « Marie fut formée d'une pure essence ».

Saint Fulgence, qui vivait au commencement du VIe siècle, nous donne son sentiment en ces quelques mots bien positifs : « La sainte Vierge, dit-il, fut entièrement exclue du premier arrêt ; » puis il fait observer judicieusement que l'ange, en appelant Marie pleine de grâce, « a voulu bien signifier que l'ancienne sentence de la colère primitive avait été *entièrement abolie pour elle.* »

La voix de la catholique Espagne se fait entendre au VIIe siècle par saint Ildefonse, archevêque de Tolède : « C'est à tort, écrit-il, qu'on veut assujettir la Mère de Dieu aux lois de la nature. Il est constant qu'elle a été libre et exempte de tout péché originel et qu'elle a levé la malédiction d'Ève. » Et, ajoutant l'exemple à la parole, il ordonne qu'on célèbre solennellement, dans toute la péninsule, la fête de la Conception de Marie.

Dans le VIIIe siècle, saint Jean Damascène, l'adversaire des Iconoclastes, affirme de la très sainte Vierge qu'elle fut pure et immaculée. « Tu es toute belle, ô Marie, toute belle en ta conception, n'ayant été créée que pour être le temple de Dieu. La tache du péché, soit mortel, soit véniel, soit originel, n'a jamais terni ton âme. »

Saint André de Crète, archevêque de Jérusalem ; Paulin, évêque d'Aquilée, et Nicéphore, patriarche de Constantinople, émettent leur opinion en faveur de l'Immaculée Conception. De même, au Xe siècle, nous pouvons citer saint Pierre Damien, saint Fulbert de Chartres et Georges de Nicomédie.

Au XIe siècle, saint Anselme, faisant allusion à la construction du temple de Salomon, où l'on n'entendit, dans la maison du Seigneur, ni marteau, ni cognée, ni bruit d'aucun instrument pendant qu'elle se bâtit, ajoute : « Quand Dieu créa l'âme de la sainte Vierge, qui devait être son temple, il voulut qu'elle ne reçût pas le moindre coup ou la moindre atteinte du péché originel, dans lequel tous sont morts, excepté Marie,qui ne connut jamais ni le péché originel, ni aucun péché actuel. »

Un peu plus tard, l'Ordre de saint Dominique produit un grand nombre de savants théologiens défenseurs du privilège si cher à Marie.

Saint Thomas d'Aquin, quoi qu'en aient écrit certains auteurs, n'a jamais enseigné une doctrine contraire à l'Immaculée Conception. A ce sujet on peut lire dans la *Somme* [1], *De incarnatione*, une note qui se trouve à la fin de l'article III, *ad Tertium*, où il est dit : « Je ne sais par quel pacte il a semblé à quelques-uns que saint Thomas, dans cet article, était opposé à l'Immaculée Conception de la mère de Dieu ; il n'en est rien, car il la déclare exempte de tout péché actuel au même titre qu'elle a été exempte du péché originel. Or, comme jamais elle ne commit aucun péché actuel, jamais elle n'eut le péché originel. » Le Dominicain Bromiardus (*in Summa Prædicantium, verbo* Maria, *art.* n° 10) n'hésite pas à constater que saint Thomas (*part.* III, *quæst.* XXVII, *art.* II) place la sanctification de Marie au point de vue de l'excellence de cette sanctification, précisément dans ce qui concerne la priorité de temps, et en cela qu'elle fut sanctifiée dès qu'elle fut animée, c'est-à-dire à l'instant

[1] Blond et Barral, 1880, 12e édition, tome VI, p. 224.

même de l'union de son âme avec son corps. *Ponit ejus (Mariæ) sanctificationis excellentiam quantum ad temporis prioritatem, in hoc quod sanctificata fuit in sui animatione, id est in conjunctione animæ cum corpore in utero matris suæ.*

Ailleurs ce grand docteur enseigne formellement que la bienheureuse Vierge Marie ne commit jamais aucun péché, ni mortel ni véniel. Or, l'opinion de saint Augustin étant que la préservation de tout péché actuel est une marque de la préservation du péché originel, comment la conclusion ne serait-elle pas toute logique : si Marie, la sainte Mère de Dieu, a été préservée de l'infamie de tout péché actuel, comment ne le serait-elle pas de la tache originelle?

Saint Bonaventure, dans un de ses nombreux ouvrages sur la très sainte Mère *le Miroir de la bienheureuse Vierge,* de Dieu, déclare que celle qui reçut de l'ange ce salut : *Ave, Maria, gratia plena,* fut complètement exempte de la triple malédiction de la faute actuelle, de la misère originelle et de la peine éternelle.

« La malédiction de la misère originelle pour ceux qui naissent, écrit-il, est celle qui appelle la concupiscence et la faiblesse en celui qui vient au monde, et c'est pourquoi nous sommes si fragiles, si peu portés au bien et si enclins au mal, que chacun de nous peut s'écrier en naissant : « Malheureux que je suis, je me sens tout

« brisé ; ma plaie est profonde et incurable. » C'est aussi une malédiction de souillure et de faute, qui rend le petit enfant un objet de colère aux yeux de Dieu. Oh ! combien la très sainte nativité de Marie fut à l'abri d'une telle malédiction, Elle, que l'on croit totalement exempte de la faute originelle, dès le sein de sa mère, et de la misère de la concupiscence, car jamais elle ne ressentit la moindre propension au mal. » Dans un autre endroit, le pieux docteur fait judicieusement découler l'Assomption de ce mystère de l'Immaculée Conception : « Si donc Marie a été préservée de la malédiction qui précède l'entrée en ce monde, elle l'a été également de celle qui accompagne la mort, et ainsi l'ange a pu lui dire : « Je vous salue. » — Il est manifeste, par ces paroles, qu'il tient pour certain que la très sainte Vierge a été soustraite à la souillure du tombeau.

Pendant une longue période, Dieu permit que la doctrine de l'Immaculée Conception fût bannie des chaires et des écoles. Mais l'Ordre de saint François et plusieurs autres grandes familles religieuses viennent raviver la foi des fidèles. De nombreux écrits des Franciscains attestent le zèle qu'ils mirent à la défense de l'Immaculée Conception.

L'Espagne, par les plus nobles de ses fils, continue à rendre un public hommage à la miraculeuse conception de la Mère de Dieu. Saint Vincent Ferrier (1355-1419) se plaît à nous dire que « les anges firent la fête de la Conception dans le ciel, aussitôt que Notre-Dame fut conçue sur la terre ».

A la même époque, nommons saint Antonin, archevêque de Florence, et saint Bernardin de Sienne. Celui-ci nous assure que « Notre-Seigneur aimerait mieux avoir racheté sa très sainte Mère que tous les saints ». Or, comment a-t-Il racheté la très pure Marie, qui n'a contracté ni le péché originel, ni commis de péchés actuels, si ce n'est en la préservant du péché? Empêcher quelqu'un de tomber dans le péché, c'est le racheter plus noblement que de le relever après sa chute. Telle a été la rédemption du Sauveur pour sa divine Mère.

Catharinus donne d'innombrables raisons de l'Immaculée Conception. Ne citons que celle-ci :

« Nulle grâce n'a été accordée aux autres créatures, qu'elle n'ait été communiquée en quelque manière, ou égale ou supérieure, à la Mère de Dieu ; elle possède, à elle seule, tous les privilèges de tous les saints. Or Adam fut créé en état de grâce; les anges furent également créés en état de grâce : Dieu aurait-il refusé cette faveur à celle qui lui était plus agréable que tous les hommes et tous les anges? « Celui « qui m'a créée, à l'instant même qu'il m'a « créée, a reposé dans mon tabernacle, le sanc- « tifiant dès ce moment par sa grâce et le con- « sacrant par sa présence. »

Dans son amour enflammé pour Marie, le

docte et pieux Idiota s'écrie : « Vierge Marie, oui, vous êtes belle, et la tache du péché, soit véniel, soit originel, n'a jamais été et ne sera jamais en vous. Vous réunissez en vous tous les biens de la nature, toutes les grâces spirituelles et tous les dons célestes. Vous avez autant de beautés diverses que de vertus, et vous possédez toutes les vertus dans un degré plus élevé qu'elles n'ont jamais été communiquées à une pure créature, après votre divin Fils. Vous n'avez jamais eu de semblable dans les dons que Dieu vous a faits, et vous n'aurez jamais d'égale. » (Idiota, *Lib. de Contemplat. B. V.*, c. 2.)

Le docte Suarez (1548-1617) expose quatorze preuves en faveur de l'Immaculée Conception de la Très Sainte Vierge. Salazar en donne plus de cinquante.

Le Père Étienne Binet, de la compagnie de Jésus (1569-1637), dans son bel ouvrage : *Le chef-d'œuvre de Dieu*, intitule ainsi son chapitre VI : *Comment Notre-Dame a été préservée du péché originel en sa conception*. Il accumule les preuves à l'appui de sa proposition, et termine en disant : « Les amis de ce privilège de la Mère de Dieu ne peuvent se compter. Ce sentiment, qui se répand de jour en jour, a maintenant pour lui le torrent des docteurs. Les Souverains Pontifes, les Conciles se sont prononcés autant qu'ils pouvaient le faire sans donner une définition dogmatique...

« En vérité, j'ai bien de la peine à retenir

mon cœur. Devant cette âme, miroir de la Divinité, où l'on contemple des choses qui font désirer de ne plus rien voir en ce monde, mon âme m'échappe et s'écrie : O beauté du ciel, ô Reine des anges, ô Mère des hommes et ma Mère, on a dit de vous que dans tous les royaumes de la terre on n'avait jamais trouvé un chef-d'œuvre semblable ; puisse-t-on dire de mon cœur que jamais on n'en trouva un seul qui aimât plus sa bonne mère ! »

Parmi les champions les plus intrépides de l'Immaculée Conception, se place ici le Bienheureux Eudes. Son traité sur l'Enfance admirable de la Mère de Dieu contient une thèse savante et des plus intéressantes à ce sujet. Le Bienheureux laisse parler sa foi, son amour envers la Reine du ciel, et réunit avec un rare talent tous les témoignages des Pères, des premiers apôtres et de la tradition pour proclamer et chanter l'Immaculée Conception. Sur bien des points, notre modeste étude se rencontre avec les idées et les sentiments évoqués par le serviteur de Marie.

A la fin du XVIIe siècle, l'Aigle de Meaux (1627-1704) se fait entendre, et met son incomparable génie aux pieds de la Vierge immaculée :

« L'opinion de l'Immaculée Conception, dit-il, a je ne sais quelle force qui persuade les âmes pieuses. Après les articles de foi, je ne vois guère de choses plus assurées. C'est pourquoi je ne m'étonne pas que cette école des théologiens de Paris (la Sorbonne) oblige tous ses enfants à défendre cette doctrine. Pour moi, je suis ravi de suivre aujourd'hui ses intentions. Après avoir été nourri de son lait, je me soumets volontiers à ses ordonnances, d'autant plus que c'est aussi, ce me semble, la volonté de l'Église. Elle a un sentiment fort honorable de la conception de Marie. Elle ne nous oblige pas de la croire immaculée, mais elle nous fait entendre que cette créance lui est agréable. Il y a des choses qu'elle commande, où nous faisons connaître notre obéissance; il y en a d'autres qu'elle insinue, où nous pouvons témoigner notre affection. Il est de notre piété, si nous sommes vrais enfants de l'Église, non seulement d'obéir aux commandements, mais de fléchir aux moindres signes de la volonté d'une mère si bonne et si sainte. » (Serm. sur la Concept.)

Bossuet nous donne une des raisons de la convenance de l'Immaculée Conception, quand il ajoute :

« Jésus-Christ, en s'incarnant, devait attaquer le péché originel dans sa source même. Il devait, pour remporter sur lui une victoire plus complète, l'atteindre jusqu'au sein de nos mères, jusqu'à ce premier instant où son souffle empoisonné tue l'âme, qui est unie à un corps venu d'une tige corrompue et flétrie. Or, c'est ce que Jésus-Christ a fait par la toute-puissance de sa grâce. Nul doute que le Christ n'ait veillé, avec ses yeux et son cœur, sur le premier instant où sa divine mère entrait dans la vie. »

Le siècle de l'impie Voltaire voit grandir la Congrégation des Rédemptoristes, dont l'illustre fondateur est une des gloires mariales. Saint Alphonse-Marie de Liguori (1696-1787), appuyé sur d'innombrables autorités théologiques, ne craint pas d'avancer que le privilège de la Conception immaculée de Marie approche, de *très près*, d'une vérité de foi.

Le saint docteur, dans les nombreuses prières éparses en ses ouvrages, en consacre une à honorer Marie dans sa Conception immaculée. En voici quelques passages :

« Je me réjouis, ô Reine immaculée, de vous voir enrichie d'une si grande pureté. Je remercie et je me propose de remercier toujours notre commun Créateur de vous avoir préservée de toute tache du péché. Je voudrais que tout le monde vous reconnût pour cette belle aurore, toujours ornée de la divine lumière ; pour cette arche de salut, préservée du naufrage universel du péché ; pour cette colombe parfaite et sans tache, comme vous nommait votre divin Époux ; pour ce jardin fermé qui fit les délices de Dieu ; pour cette fontaine scellée, où l'ennemi ne put jamais pénétrer pour en troubler les eaux ; et enfin, pour ce lis éclatant de blancheur qui devait naître parmi les épines des enfants d'Adam. Tous viennent au monde souillés du péché originel et ennemis de Dieu ; vous, au contraire, vous êtes née entièrement pure et agréable aux yeux du Créateur...

« ... Dès le premier instant de votre existence, vous avez paru pure et belle devant Dieu..., car Dieu vous a préservée de toute tache et préférée, dans son amour, à toutes les créatures... »

Ajoutons encore, avec l'abbé Combalot, le grand conférencier de Saint-Sulpice, que « la dévotion à l'Immaculée Conception de la très sainte Vierge est une planche de salut pour les nations à leur déclin ».

Il est assez intéressant de noter que l'abbé Combalot donnait ses conférences bien avant la définition du dogme. Il exhorte cependant les fidèles à embrasser le culte de l'Immaculée Conception comme un culte réparateur, comme un remède souverain contre les plaies faites à la nature de l'homme par le péché d'Adam. « Venez aux pieds de la Vierge immaculée, dit-il, suppliez-la de prendre en main la cause de son Fils et de son Église. Faisons retentir nos temples des acclamations qui sont dues à la Vierge sans tache. Alors peut-être refleurira parmi nous la foi, la charité et la vertu. »

L'Immaculée Conception de Marie a été affirmée dans plusieurs conciles en termes, sinon exprès, du moins bien significatifs :

D'abord au concile général d'Éphèse (431), puis au second concile œcuménique de Nicée, lequel fulmina l'anathème contre ceux qui ne confessent pas que la Sainte Vierge Marie soit véritablement Mère de Dieu et qu'elle soit élevée au-dessus de toutes les créatures visibles et invisibles.

Les conciles d'Oxford en 1200, et de Cantorbéry en 1320, autorisent la fête de la Conception immaculée de Marie.

Le concile de Bâle, quoique schismatique à l'époque où furent rendus des décrets sur l'Immaculée Conception, est bien éloquent sur ce sujet. Dans sa session du 21 septembre 1429, il s'exprime ainsi : « Il s'est élevé dans ce saint concile une question difficile sur la Conception de la glorieuse Vierge Marie, Mère de Dieu, et sur le commencement de sa sanctification. Les uns disent que son âme a été pendant quelque temps, ou au moins quelques instants, assujettie de fait au péché originel. Les autres soutiennent au contraire que l'amour que Dieu a eu pour elle s'est porté jusqu'au premier moment de sa création..., que Jésus-Christ l'a rachetée d'une manière supérieure et toute particulière, en la préservant de la tache originelle, et en la sanctifiant dès le premier instant de sa conception.

« Ayant donc examiné, avec discernement, les raisons et les autorités qui, depuis plusieurs années, ont été alléguées de part et d'autre, ayant tout pesé et mûrement considéré, nous décidons et nous déclarons que la doctrine qui enseigne que la glorieuse Vierge Marie, Mère de Dieu, par une faveur spéciale et par une grâce prévenante et opérante, n'a jamais été actuellement assujettie au péché originel, mais qu'elle a toujours été sainte, *immaculée* et exempte de tout péché originel et actuel, nous déclarons que la doctrine qui enseigne tout cela est une doctrine pieuse, conforme au culte ecclésiastique, à la foi catholique, à la droite raison et à l'Écriture Sainte, et que, comme telle, elle doit être approuvée, tenue et suivie par tous les catholiques, en sorte qu'il ne soit permis à personne, dans la suite, de prêcher ou d'enseigner le contraire... »

Ce concile approuve « l'ancienne et louable coutume de célébrer la fête de la sainte Conception de Marie le huitième jour de décembre, tant à Rome que dans les autres églises », ordonnant en plus « qu'elle soit célébrée dans toutes les églises, monastères et communautés de la religion catholique, et qu'on s'y répande en cantiques de louange et d'allégresse ». Il attache même des indulgences à cette solennité. — Bien qu'émanés d'une assemblée schismatique, ces deux décrets expriment exactement la pensée de l'Église à cette époque.

Un siècle plus tard, le fameux concile de Trente (1545-1563), parlant de l'universalité de la tache originelle, déclare que, dans son décret sur le péché d'origine, son intention n'a pas été d'y comprendre *la très immaculée Vierge*. Or, quand un concile œcuménique déclare, en parlant de la dette de la faute originelle, qu'il n'a jamais eu l'intention d'y comprendre la sainte Mère de Dieu; quand, dans le même moment, ce concile appelle la sainte Vierge immaculée *très immaculée*, l'Église ne manifeste-t-elle pas clairement par là ce qu'elle croit touchant l'Immaculée Conception?

Mais Rome, avec la prudence qui caractérise tous ses actes, a mieux aimé laisser passer trois siècles avant d'obliger les fidèles à croire, comme vérité de foi, un mystère que le plus grand nombre déjà acclamaient dans leur cœur.

Rome, on le sait, ne définit comme étant de foi que les dogmes que l'Église a toujours reçus comme tels; mais lorsque l'enfer veut les obscurcir, les rendre douteux par la bouche des hérétiques, alors l'Église universelle, par son chef visible, le Pape, intervient pour mettre la foi à l'abri de l'erreur et la déterminer clairement aux fidèles.

En 1576, c'est-à-dire treize ans après le concile de Trente, la France s'illustre de la décision prise par les docteurs de la Sorbonne, en leur assemblée du mois de février.

En effet, ils déclarèrent qu'ils regardaient comme un point de foi *(de fide)* la conception immaculée de la Vierge.

Dans un autre décret, ces mêmes docteurs, suivant, disaient-ils, les traces de leurs ancêtres (*majorum nostrorum vestigia sequentes*), s'obligèrent, par serment, de soutenir cette opinion. La loi, à cet égard, est précise : « Arrêtons et déclarons que personne ne sera admis à l'avenir dans notre faculté, s'il ne prête, comme nous, le serment de soutenir toute sa vie cette doctrine de l'Immaculée Conception : *Statuentes ut nemo deinceps huic nostro collegio adscribatur, nisi se hujus doctrinæ assertorem semper pro viribus futuram, simili juramento profiteatur.* »

Cette décision de la Sorbonne fut non seulement admirée, mais imitée par les universités de Mayence, de Cologne, de Valence, d'Alcala, de Coïmbre, de Salamanque et de Naples.

Et maintenant voyons, dans les siècles passés, avec quel zèle constant les Souverains Pontifes ont encouragé et félicité ceux qui professaient et enseignaient la doctrine de l'Immaculée Conception.

La Cour de Rome laissa d'abord le champ libre aux disputes théologiques. Elle pesa mûrement, dans sa souveraine et patiente sagesse, les raisons sur lesquelles on s'appuyait des deux côtés.

En examinant l'opinion des Pères et des anciens docteurs, elle y trouva une foule de probabilités en faveur du noble privilège que plusieurs contestaient encore à la Vierge sainte, et comme un brillant reflet des traditions apostoliques.

Dès lors, sa sympathie fut acquise aux défenseurs de la Conception sans tache.

Sixte IV donne, en 1483, deux bulles, dans

lesquelles il appelle Marie « Immaculée ». Il permet de célébrer la fête de l'Immaculée Conception et accorde un grand nombre de faveurs spirituelles aux personnes qui le feront dévotement.

Innocent VIII (1484-1492), les papes qui suivirent, puis Léon X, le grand restaurateur des chefs-d'œuvre italiens, l'ami des arts, des lettres et des sciences (1513-1521), saint Pie V (1566-1572), Grégoire XIII (1572-1585), Paul V (1605-1621) et Grégoire XV (1621-1623), renouvelèrent les bulles de Sixte IV et en donnèrent de nouvelles. Ils défendirent non seulement les thèses publiques, mais les discours privés contre le mystère de la Conception Immaculée de Marie. Ce qu'il y a d'assez remarquable dans les bulles qu'ils publièrent, c'est que ces bulles ayant été diversement interprétées, ces mêmes Pontifes, pour ôter tout faux-fuyant, ont condamné comme fausse et erronée toute interprétation qui, par le nom de conception, entendrait autre chose que la conception exempte du péché originel.

En 1661, Alexandre VII, expliquant le décret du concile de Trente et l'objet de la fête de l'Immaculée Conception, mentionne l'approbation que les Pontifes romains ont donnée à un Ordre religieux et à diverses confréries portant ce titre. Il suit l'exemple de ses prédécesseurs et renouvelle leurs défenses.

Mais Rome ne se prononce pas encore définitivement. Il était réservé au XIXe siècle de voir

Sa Sainteté le Pape Pie IX placer la croyance à l'Immaculée Conception au nombre des dogmes de foi.

§ II

L'Immaculée Conception envisagée dans l'histoire des peuples anciens, des traditions et des coutumes de divers pays.

« Je mettrai des inimitiés entre toi et la femme, entre ta race et sa race ; elle t'écrasera la tête... »

« Pour qu'un dogme, écrit l'abbé Broussolle, soit solennellement proclamé par l'Église, il doit être contenu dans la sainte Écriture et dans la Tradition, dans la parole de Dieu écrite et transmise, non pas implicitement, comme sous forme d'allusion discrète, mais réellement et explicitement. Il faut qu'on en puisse mettre à nu les origines, la semence, en quelque manière, et montrer comment cette semence, au cours des siècles, a grandi peu à peu, s'est lentement développée, jusqu'au jour enfin où, pleinement épanouie, elle est proclamée comme telle par la souveraine autorité du successeur de Pierre. » (*Études sur la sainte Vierge*. Paris, 1908.)

La promesse de Dieu à nos premiers parents, la sentence d'anathème prononcée contre le serpent : « Et sa race t'écrasera la tête, » nous amène à étudier :

1° Comment cette promesse s'est transmise, d'âge en âge, chez tous les peuples, leur inculquant le respect de la virginité, par égard pour la Vierge rédemptrice qui devrait enfanter un jour le Sauveur. Ce culte de la virginité chez les anciens n'est-il pas, en effet, un hommage indirect, si l'on veut, mais bien évident, à la Conception immaculée de la future Mère du Sauveur? C'est ainsi que nous le considérons.

2° Les traditions chrétiennes relatives à la Conception de Marie, le culte envers ce mystère et l'établissement de ses fêtes.

I. — Nous l'avons vu, en considérant Marie dans les prophéties, le peuple hébreu savait qu'une vierge enfanterait le Messie attendu; qu'une femme, que les docteurs de la loi appelaient la Mère céleste, devait, par un miracle nouveau, envelopper dans ses chastes flancs le Sauveur promis, et demeurer elle-même pure et intacte; aussi les Juifs, malgré leur mépris pour la femme en général, entouraient-ils la virginité d'un profond respect religieux.

Nous en avons deux témoignages éclatants :

Le premier remonte à Moïse. Quand le Seigneur lui donne l'ordre d'exterminer les Madianites, les Israélites épargnent toutes les femmes et les petits enfants. Le peuple arrive devant Moïse et lui présente les prisonniers, le butin et les dépouilles. Moïse se met en colère et dit aux officiers de l'armée : « Pourquoi avez-vous sauvé la vie à toutes les femmes?... Faites mourir toutes les femmes, mais respectez les jeunes filles et les femmes vierges. » — Or pourquoi ce commandement de Moïse? Les vierges, dans sa pensée, avaient pu, aussi bien que les femmes, porter le peuple de Dieu à l'idolâtrie. Donc elles ne sont épargnées qu'en vertu du principe admis de respecter partout la virginité.

Le second témoignage est dans cette histoire touchante du vœu de Jephté. L'opinion le plus en cours parmi les écrivains catholiques est que Jephté n'a point accompli son vœu d'une manière sanglante, mais qu'il sacrifia sa fille par la mort civile ou spirituelle, la consacrant à la retraite et à la prière, et la vouant à une virginité perpétuelle, comme sont nos religieux qui meurent au monde, sans cesser pour cela d'être du nombre des vivants. Le sentiment de plusieurs rabbins juifs confirme cette thèse. Jephté, disent-ils, voua sa fille à une virginité perpétuelle et l'enferma dans un ermitage qu'il fit bâtir sur la montagne. C'est là que les vierges d'Israël allaient la voir quatre fois par an.

Ces exemples prouvent combien les Hébreux croyaient que la virginité était agréable à Dieu. Elle était l'humble figure de la virginité de la Mère très sainte du Sauveur.

Des Israélites descendons aux Grecs et aux Romains, ou remontons aux peuples de l'Égypte et de l'Inde; partout nous retrouvons cette croyance dans la maternité d'une vierge et ce respect pour la virginité; partout, dans l'antiquité, la vierge est un objet de vénération. Souvent même, elle est regardée comme un être supérieur.

Le culte de la virginité, chez tous les peuples, a son point de départ à la promesse de l'Eden. On se transmettait de générations en générations, quoique altérée chez les païens, l'annonce d'une vierge dont le fils écraserait la tête du serpent.

Voyons la virginité honorée, par exemple, chez les Grecs. A Athènes, les jeunes fiancés devaient offrir à Diane un sacrifice expiatoire, afin d'apaiser le courroux de la déesse de la virginité.

La loi grecque s'opposait à l'exécution capitale d'une vierge; bien plus, sa mort était un crime irrémissible pour celui qui en était cause, même involontairement : toutes les expiations étaient inutiles, parce qu'on prétendait que les dieux irrités rejetaient toutes ces supplications.

Que de femmes de l'antiquité se sont donné la mort pour ne pas perdre cette fleur de la pureté ou pour ne pas survivre à sa perte! Témoin ces cinquante Lacédémoniennes, qui préférèrent mourir en défendant leur vertu; les sept vierges de Milet, qui les imitèrent pour ne pas rester exposées à la brutalité des Gaulois ravageant leur pays. Nous pourrions citer d'autres exemples du même genre.

Saint Jérôme, qui nous les apprend, nous dit encore cette histoire de la chaste esclave qui, captive de Nicanor, maître de Thèbes, se donna la mort plutôt que d'épouser ce prince, préférant sa virginité au titre de reine.

Également les Grecs admettaient la *maternité virginale*. L'idée primitive demeurait chez eux, quoique singulièrement défigurée et parfois absurde.

Passons chez les Romains, ce peuple des arts et de la gloire, dont les faits et gestes revêtent encore tant de prestige à nos yeux.

A Rome, les vierges avaient une place d'honneur dans les fêtes publiques. Le plus grand respect entourait les vestales chargées d'entretenir le feu sacré, et de garder le gage de l'empire. Une coutume ancienne s'opposait également à l'exécution capitale d'une vierge.

Les Romains savaient, comme les Grecs, qu'une vierge devait enfanter un roi puissant, un Dieu descendu du ciel pour établir sur la terre la justice et la paix. Les vers sibyllins en témoignent; nous n'en citerons que quelques-uns :

« I. — Réjouis-toi, jeune vierge, et livre-toi à l'allégresse; car le Créateur du ciel et de la terre t'a accordé une joie éternelle. Il demeure en toi, et tu posséderas la lumière immortelle.

« II. — Et il y aura aussi un homme excellent descendu du ciel...

« III. — Lorsque la maison de David aura poussé un rejeton, une racine unique rassasiera les hommes d'une nourriture divine.

14

« VI. — Dans les derniers temps, il changera la face de la terre, et, venant aussitôt, il sera le Soleil qui se lèvera des flancs de la Vierge Marie. Lorsqu'il descendra du ciel, il se revêtira d'un corps humain.

« XX. — Une fleur éclatante fleurira, la terre se tapissera partout d'une riche verdure.

« XXI. — Un temps viendra où l'enfant qui apporte l'espérance transportera de joie la terre.

« XXII. — La terre en fête recevra le petit enfant à sa naissance; le trône céleste aura un air riant, et le monde se parera. »

Virgile, Cicéron et Suétone connaissaient l'oracle de la Sibylle, qui allait jusqu'à préciser l'époque de la venue du Messie.

Les Égyptiens conservaient eux aussi, mais très altérée, la tradition de la Vierge. Leur déesse Isis, devenue mère de Bacchus sans cesser d'être vierge, est une grossière figure de la maternité divine.

Dans l'Inde surtout, les lois de Manon sont intéressantes, montrant le grand honneur que ce peuple rendait aux vierges :

« Les prières nuptiales, est-il écrit, sont destinées aux vierges seulement, et jamais, en ce monde, à celles qui ont perdu leur virginité; car de telles femmes sont exclues des cérémonies légales. »

Les Indiens croyaient au miracle de l'enfantement d'une vierge. Les brahmes enseignent encore que Bouddha naquit de la vierge Maya, sans la coopération d'aucun homme. Cette déesse, prétendent-ils, devint mère par son intelligence virginale et par sa volonté.

Une ancienne peinture indienne représente Krischna attaché au sein de Jachada ; l'un et l'autre portent une auréole. Rien ne ressemble davantage à nos tableaux de la Vierge Mère allaitant son divin Fils.

On retrouve au Tibet, au Japon et en Chine, les croyances de l'Inde.

Les Guèbres, les peuples de la Tartarie, les Macéniques (peuple du Paraguay) et les Américains du Nord avaient tous cette croyance d'une femme vierge, d'une grande beauté, et devenue miraculeusement mère. Aussi les Péruviens avaient-ils un vrai culte pour leurs vierges du soleil, et les Mexicains pour leurs religieux et religieuses qui faisaient vœu de chasteté.

Chez les Gaulois, les vierges s'appelaient druidesses, et jouissaient parmi ce peuple d'une autorité sans bornes.

Mais arrêtons-nous un instant à considérer les Druides.

La tradition de la Vierge Mère avait pénétré jusqu'au fond des forêts de la Germanie. Elias Schédius rapporte qu'ils avaient élevé dans leurs temples une statue à Isis, ou à la Vierge qui devait enfanter le Sauveur du monde.

Les Druides étaient la tribu sacrée des Gaules. Ils se disaient descendants du dieu Diss. Leur culte merveilleux a étonné plus d'un savant.

Contrairement aux autres peuples de l'antiquité, ils ne permettaient pas à leur grand prêtre ou pontife suprême d'immoler des victimes sanglantes. Le grand prêtre offrait seulement le gui, coupé avec la faucille d'or.

Les vierges, parmi les Druides, étaient entourées de la plus singulière vénération, toujours en prévision de « la vierge incomparable qui devait enfanter ».

A Chartres, on a trouvé, non loin de l'ancien palais du gouverneur, qui vivait sous Claude et Néron, une chapelle souterraine, consacrée à la vierge des sectateurs d'Hésus. Sur l'autel était élevée la statue d'une jeune fille, tenant un enfant entre ses bras. Au bas était cette inscription en lettres d'or :

Virgini parituræ Druides.

« Les Druides à la Vierge qui doit enfanter. »

Les prêtres se rendaient, en grande pompe, dans ce temple et offraient à la vierge, le premier de chaque mois, des oblations, en chantant des hymnes.

Il est touchant de voir combien l'amour de la future Mère du Sauveur sait inspirer à ces peuples un culte chaste, des oblations innocentes, un je ne sais quoi d'infiniment tendre et poétique.

Avant sa Conception Immaculée, avant sa naissance, la très sainte Vierge reçoit donc et partage avec son divin Fils les hommages imparfaits des peuples antiques. Son admirable pureté et sa virginité sont autant d'aimants puissants qui attirent ces esprits violents et ces natures grossières.

II. — Voyons les traditions relatives à la Conception de Marie, le culte envers ce mystère et l'établissement de ses fêtes.

Il nous semble juste de faire remonter à saint Ildefonse, archevêque de Tolède, qui vivait de 607 à 667, les premières fêtes en l'honneur de la Conception de la Mère de Dieu.

Dans sa vie, écrite par les Bénédictins, on voit qu'il ordonne de célébrer solennellement, par toute l'Espagne, la fête de la Conception de Marie.

Nous lisons dans l'histoire des Wisigoths que leur roi Ervige fit une loi pour obliger les Juifs à se dispenser d'œuvres serviles le jour des fêtes des chrétiens, et parmi ces fêtes on nomme celle de la Conception de la très sainte Vierge.

Mais déjà l'islamisme s'est dressé en face du Christianisme; la guerre entre les enfants du Christ Jésus et les fils du Prophète s'est déclarée impitoyable, cruelle et meurtrière. Sur quel point unique pourront-ils se rencontrer? Les fanatiques des plaisirs de la terre s'inclineront devant la pureté immaculée de la Mère du Sauveur, devant la virginité sans tache. L'ignorance de leur faux prophète lui fait confondre les dogmes qui nous sont communs avec les traditions antiques et les croyances populaires; néanmoins le Coran proclame la pureté virginale de Celle qui en a été le plus parfait modèle. Ouvrons le Coran :

Surate 3, intitulée : *La famille d'Imrou.* Verset 37 : « Lors donc les anges dirent à Marie : Certes, Dieu t'a choisie et t'a rendue exempte de toute souillure; il t'a choisie et placée au-dessus des femmes de ta race. »

Il est de tradition, chez les musulmans, que personne ne vient au monde sans que Satan le touche, au moment de sa naissance. C'est ce qui fait pousser des cris, accompagnés de pleurs, aux enfants nouveau-nés; mais, disent-ils, la très sainte Vierge et son Fils en ont été exempts.

Surate 21, intitulée : *Les Prophètes.* Verset 91 : « ... Et Marie, qui a soigneusement gardé la virginité. Et nous avons soufflé en elle de notre Esprit; et nous l'avons posée, ainsi que son Fils, en signe devant les hommes. »

Surate 66, intitulée : *La défense.* Verset 13 : « ... Et Marie, fille d'Imrou, qui a soigneusement gardé la virginité. Et nous avons inspiré en Elle de notre Esprit. Et elle a cru aux paroles de son Seigneur et en ses livres, et elle a été obéissante. »

Cet hommage rendu à la pureté de la sainte Mère de Dieu est loin d'être banal. Il est un témoignage irrécusable de l'antiquité de ce dogme et des profondes racines qu'il avait jetées dans les esprits de tous les peuples.

Après l'Espagne et les Wisigoths, nous trouvons l'établissement de la fête de la Conception de Marie en Irlande. Dans la première moitié du IXe siècle, on trouve, dans un calendrier irlandais, la date du 2 au 3 mai indiquée pour cette fête. (Voir à ce sujet, et pour nombre de citations que nous allons donner, les *Études sur la sainte Vierge,* par M. l'abbé Broussolle.)

Au VIIIe siècle, Jean d'Eubée, moine d'Orient contemporain de saint Jean Damascène, dans son instruction sur les fêtes de la Vierge, compte la fête de la Conception parmi celles qu'il faut célébrer. Il constate qu'elle ne l'est pas encore par l'Église tout entière, et conclut qu'il conviendrait qu'elle le fût.

Il écrivait vers la moitié du VIIIe siècle. C'est une période de transition, où l'on discutait de l'opportunité et de la légitimité de cette fête; ce qui prouve qu'elle n'était pas universellement adoptée, mais que l'unanimité était bien près de se faire.

Chez les Grecs, l'empereur Léon le Philosophe (886-918) patronne la fête de la Conception et concourt à sa diffusion.

Le calendrier ecclésiastique, établi sous l'empereur Basile Porphyrogénète (975-1025), mentionne également cette fête.

Enfin, Michel Comnène, dans un édit de 1166, la déclare comme jour de fête *civile,* avec le repos entier du samedi. Ce dernier fait est bien remarquable et prouve la popularité de la fête à cette époque, un État mettant toujours quelque temps à reconnaître officiellement, et d'une façon aussi complète, une solennité religieuse.

En Occident, la fête de la Conception, après avoir établi ses fondements en Espagne, comme nous le voyons dans la vie de saint Ildefonse, semble avoir l'Angleterre pour théâtre.

Elle fut instituée, disent les chroniqueurs, par un abbé, digne de foi, qui, ayant essuyé sur mer une violente tempête, fut délivré du danger qui le menaçait grâce à la protection céleste de saint Nicolas. Voici comment :

Elsin, abbé de Ramsay, étant envoyé par ordre de Guillaume le Conquérant en Danemark, pour une mission qu'il en avait reçue, se trouva, au retour, assailli par une furieuse tempête. La situation était désespérée ; il se met à genoux et se recommande à la très sainte Vierge. Tout à coup, sur les flots, un pontife majestueux s'avance : c'est saint Nicolas, patron du bâtiment en péril. Il parle à Elsin, et il lui dit qu'il peut être sauvé moyennant une condition : « Promets à Dieu et à moi, dit-il, de célébrer le jour de la conception et de la création de la Mère du Christ, et d'engager les autres à la célébrer. » Le pieux abbé promit et tint sa parole.

De récentes recherches dans les bibliothèques de l'empire britannique viennent nous prouver que l'Angleterre célébrait la fête de la Conception non seulement au XIe, mais au Xe et presque au IXe siècle. C'est une gloire pour ce pays, qu'on nommait jadis l'*Ile des Saints*.

D'Angleterre, cette fête s'établit en Normandie, et fut connue sous le nom populaire de « fête aux Normands ». On attribue sa création à Henri Ier, roi d'Angleterre et duc de Normandie, fils de Guillaume le Conquérant.

Le Bienheureux Eudes nous apprend que l'Église cathédrale de Coutances a été la première dont une des chapelles fut dédiée à la Conception immaculée de la Mère du Sauveur par le très pieux évêque Geoffroy, en l'an 1056.

Puis, en 1140, ce furent les chanoines de Lyon qui l'établirent dans le Lyonnais, malgré les protestations et les remontrances de saint Bernard.

En 1266, la Normandie veut affirmer une fois de plus sa croyance en ce glorieux privilège de la sainte Vierge, et l'archevêque de Rouen ordonne de « célébrer publiquement la fête de la Conception de Marie ».

Vingt années plus tard, en 1288, Renaud d'Homblières, évêque de Paris, constitue une somme de trois cents livres pour la fondation annuelle de cette même fête dans son diocèse.

Une vieille histoire des antiquités de Rouen parle également d'une « association établie par les plus nobles personnages de cette ville, lesquels élisent, chaque année, l'un d'entre eux comme prince de la confrérie. Celui-ci s'engage à donner des prix et récompenses de valeur à ceux qui, le plus fidèlement et le mieux à propos, auraient célébré la très sainte Vierge Marie dans son privilège de l'Immaculée Conception, par des hymnes, odes, sonnets et chants ».

En 1394, le 2 février, dom Juan Ier, roi d'Aragon, institue « de par le roi » la fête de la Conception immaculée dans toutes les provinces d'Espagne qui avaient secoué le joug de l'islamisme. Voici quelques passages de l'ordonnance royale :

« Nous, dom Juan, par la grâce de Dieu, roi d'Aragon et de Valence, etc... Pourquoi des personnes s'étonnent-elles de ce que la bienheureuse Marie, Mère de Dieu, ait été conçue sans péché originel, tandis qu'elles ne doutent point que saint Jean-Baptiste n'ait été sanctifié dans le sein de sa mère, par le même Dieu, qui, venant du haut du ciel et du trône de la très sainte Trinité, s'est fait chair dans les entrailles bénies d'une Vierge ? Quelles grâces pensons-nous que le Seigneur ait pu refuser à la femme qui l'enfanta par le prodige éclatant de sa féconde virginité? Aimant sa Mère comme il l'aime, il a dû entourer des plus glorieux privilèges sa conception, sa nativité et les autres phases de sa sainte vie.

« Pourquoi révoquer en doute la glorieuse conception d'une Vierge si privilégiée, et dont la foi catholique nous oblige de croire des grandeurs et des merveilles que nous ne pouvons assez admirer?...

« ... Il aurait donc manqué quelque pureté et quelque grâce à cette excellente Vierge au premier moment de sa conception, pour pouvoir lui imputer la tache du péché originel, elle à qui l'ange du Seigneur dit ces paroles : Je vous salue, pleine de grâce... Que ces personnes donc, qui parlent si mal à propos, se taisent ; que ceux qui n'ont à proposer que de vains et frivoles arguments contre l'Immaculée Conception, si privilégiée et si pure, de la sainte Vierge, aient honte de les publier, parce qu'il était convenable qu'elle fût douée d'une si grande pureté, qu'après celle de Dieu on n'en pût imaginer une pareille, etc...

« Mais nous, qui, entre tous les rois catholiques, avons reçu de cette Mère de miséricorde tant de grâces et de bienfaits, sans les avoir mérités, nous croyons fermement que la conception de cette bienheureuse Vierge a été totalement sainte et immaculée...

« Nous, et tous ceux de la maison royale, en célébrons *chaque année* la fête avec solennité, de même que nos très illustres prédécesseurs, de glorieuse mémoire, l'ont célébrée, y ayant fait établir une confrérie perpétuelle...

« C'est pourquoi nous ordonnons que cette fête de l'Immaculée Conception soit célébrée tous les ans, à perpétuité, avec une grande solennité et respect, dans tous les royaumes de notre obéissance, par tous les fidèles catholiques, soit religieux, soit séculiers, prêtres et autres personnes de quelque état et condition qu'elles soient ; et que, désormais, il ne soit permis, et même défendons, à tous prédicateurs et à tous ceux qui font des leçons publiques de l'Évangile, de rien dire, de rien publier et de rien avancer qui, en quelque façon que ce soit, puisse apporter quelque préjudice ou faire tort à la pureté et à la sainteté de cette bienheureuse conception... Que s'il arrive à l'avenir que quelque prédicateur, ou quelque autre personne de nos sujets, n'observe pas cette ordonnance..., qu'ils soient bannis de leurs couvents et de leurs maisons; et, tant qu'ils demeureront dans cette opinion contraire, qu'ils sortent, comme nos ennemis, de toute l'étendue de nos royaumes... En foi de quoi nous ordonnons d'expédier les présentes, autorisées de notre sceau qui y est attaché. Donné à Valence le 2 février, jour auquel nous célébrons la fête de la Purification de cette très sainte Vierge, l'an de Notre-Seigneur 1394, et le huitième de notre règne. »

En 1429, le concile de Bâle, dont nous avons déjà parlé, donne un élan nouveau pour la propagation de la fête de *la sainte Conception de la Vierge*.

Sixte IV, qui était un ancien franciscain et avait été élevé dans le culte du glorieux privilège de Marie, donne, en 1475, une bulle où il recommande pour la fête du 8 décembre un office où tout proclame l'Immaculée Conception. En 1479, il fait élever dans l'ancienne basilique de Saint-Pierre une chapelle dédiée à la Conception de Marie. En outre, pour son usage particulier, il fit élever, dans le palais du Vatican, la chapelle Sixtine, qu'il plaça sous le vocable de la sainte Conception de la Mère de Dieu.

Il publie une constitution, en 1483, qui contient diverses prescriptions disciplinaires, afin de protéger les défenseurs de l'Immaculée Conception, et de rappeler aux adversaires du futur dogme que Rome ne s'est pas prononcé sur le fond de la question.

Toujours ardente pour le culte de l'Immaculée Conception, l'Espagne voit en 1484 se créer à Tolède un Ordre de religieuses dédié à ce mystère. La fondatrice, dona Beatrix de Silva, en fait approuver les Constitutions par Innocent VIII, en 1489.

En 1506, le cardinal Ximénès établit une confrérie sous le même vocable.

Déjà, à cette époque, il n'y avait pas un prédicateur qui ne commençât son sermon par ces paroles : « Loué soit le très saint Sacrement de l'autel et l'Immaculée Conception de la Vierge Marie, Notre-Dame, conçue sans péché originel au premier instant physique et réel de sa vie. Amen. *Sea alabado el santisimo sacramento del altar, y la inmaculada concepcion de la Virgen Maria, Nuestra Señora, concevida sin pecado original en el primero instante physico y real de su animacion. Amen.* »

Bien plus, le peuple espagnol faisait entrer ses louanges à Marie immaculée dans le cœur même de ses habitudes civiles et familiales. Il n'était point de visiteur qui n'entrât dans une maison sans adresser ce premier salut : « *Ave, Maria purissima.* » Et le maître de maison répondait aussitôt : « *Sin pecado concebida santisima.* »

Clément VIII (1592-1605) élève la fête de la Conception au rang des doubles majeurs.

En 1618, le vice-roi de Naples, sa cour et son armée firent vœu, dans l'église de Notre-Dame-la-Grande, de croire et de défendre l'Immaculée Conception de la très sainte Vierge.

L'ordre des chevaliers du duc de Nevers fut confirmé, à Rome, en 1624, sous le titre de Chevaliers de l'Immaculée-Conception de la glorieuse Vierge : *Immaculatæ Conceptionis gloriosæ Virginis.*

La catholique Espagne, grâce à l'initiative de ses rois et de ses évêques, a presque toujours les prémices des faveurs mariales. C'est ainsi que, en 1644, elle obtient que la fête de la Conception de la très sainte Vierge soit, pour elle, fête d'obligation.

La France, le royaume de Marie, se signale sous le règne de Louis XIV par un redoublement de ferveur envers l'Immaculée Conception. Marie-Thérèse d'Autriche, fille de Philippe IV et reine de France (1660-1683), établit au faubourg Saint-Germain l'ordre de la Conception de Notre-Dame, fondé précédemment en Espagne, son pays d'origine. Son illustre et royal époux demande au pape Clément IX que la fête de l'Immaculée Conception soit célébrée avec octave.

Benoît XIV, au moment de la réforme du bréviaire, est vivement sollicité, par la partie adverse, de supprimer l'octave de la fête du 8 décembre, tandis que d'autres en réclament le maintien. Ne parvenant pas à s'entendre, la commission laisse au Souverain Pontife le droit de décider. Benoît XIV maintient l'octave, et ordonne que la fête se célèbre, avec la chapelle papale, dans la basilique de Sainte-Marie-Majeure.

La fête de l'Immaculée Conception ne devient obligatoire, pour toute l'Église, qu'en 1708.

Mgr de Quélen (1778-1839), archevêque de Paris, obtient du chef de l'Église la faveur d'ajouter aux *Litanies laurétanes* l'invocation : *Regina sine labe originali concepta, ora pro nobis.*

Vingt-quatre ans avant la promulgation du dogme, une humble fille de Saint-Vincent de Paul, Catherine Labouré, était favorisée de visions merveilleuses, et la Très Sainte Vierge lui montrait le modèle d'après lequel devait être gravée une médaille la représentant immaculée et pleine de grâce, médaille devenue l'instrument de tant de prodiges, qu'on la nomma « la médaille miraculeuse ».

L'heure était venue de voir se terminer enfin le problème fondamental des gloires de Marie. Aussi, le 8 décembre 1854 fut-il un jour mémorable entre tous, lorsque, après avoir sollicité les prières de toute la chrétienté et demandé officiellement l'avis des évêques du monde entier, le Souverain Pontife Pie IX prononça et définit le dogme de l'Immaculée Conception de la Très Sainte Mère de Dieu.

Les applaudissements, les chants d'allégresse, des hymnes sans nombre éclatèrent de toutes parts. L'univers, la postérité d'Adam pouvait ce jour-là, dans un transport de sainte ivresse, répéter à Marie la salutation de l'ange Gabriel :

« *Ave, gratia plena..., tota pulchra es, Maria, et macula originalis non est in te... inviolata, integra et casta es, Maria...* Oui, Marie, vous avez écrasé la tête du serpent. A vous honneur, louange, gloire, dans les siècles des siècles. »

Enfin notre immortel Pape Léon XIII, pour donner une marque unique et durable de sa dévotion envers Marie immaculée, décréta, le 30 novembre 1879, que sa fête du 8 décembre serait élevée au rang de première classe, avec octave.

Sachions tirer un enseignement pratique de ce mystère :

1° Apprenons à détester le péché. Celui qui aime véritablement a horreur de tout ce qui déplaît à l'être aimé; il évite tout ce qui peut contrarier ses goûts, ses désirs et ses vouloirs. Or, nous savons que le péché est ce qui déplaît souverainement à Dieu. Ce qui déplaît à Dieu est injurieux à la Mère de Celui qui est venu en ce monde pour racheter nos fautes. Éviter le péché est, par le fait même, reconnaître la Rédemption du Christ et l'action réparatrice de la sainte Mère de Dieu.

Il faut donc, pour être conséquents avec notre foi, non seulement admirer les mystères qu'elle nous présente, mais conformer notre vie aux enseignements divins qui en découlent. Honorer l'Immaculée Conception, c'est professer une haine et un mépris profonds pour tout péché. Voyons si tel est notre sens pratique dans nos devoirs religieux. N'y a-t-il pas en nous d'étranges contradictions?

2° Apprenons encore à combattre en nous les restes de la tache originelle. Quels sont-ils? La prédisposition au mal, l'aveuglement de l'esprit et l'endurcissement du cœur. Pour les détruire, étudions les vérités que la foi nous enseigne, écartons de nous les lectures malsaines et dangereuses, formons nos âmes à une piété solide et éclairée, fréquentons les sacrements avec toute la ferveur requise.

3° Estimons la grâce comme la seule véritable richesse qui ne périsse pas; elle est la beauté et le bonheur de nos âmes. Cultivons-la par une entière fidélité aux inspirations du Saint-Esprit. Détachons notre cœur des vanités de la terre, et apprécions comme notre meilleur trésor tout acte fait en conformité avec la volonté divine. Celui qui accomplit le bon vouloir divin possède la plus solide joie. Ne sommes-nous pas malheureux surtout par le fait de cette préférence de notre volonté à la volonté de Dieu?

La dévotion à l'Immaculée Conception de Marie doit se traduire par ces conclusions, auxquelles on peut ajouter des pratiques de piété, telles que celles-ci :

Redire souvent l'invocation : « O Marie conçue sans péché, priez pour nous qui avons recours à vous ; »

Recevoir le scapulaire de l'Immaculée Conception, auquel sont attachées de nombreuses indulgences, et ne jamais le quitter ;

Porter la médaille miraculeuse, etc...

Ainsi tous les fidèles peuvent se réunir autour de Celle qui, sans tache dès le premier moment de sa conception, ineffablement belle à sa naissance, admirable dès sa première enfance, nous offre toute sa vie le miroir accompli des plus célestes vertus.

Vierge conçue sans péché, Vierge Marie, petite Enfant, priez pour l'Église, pour la France et pour le Pape.

BREF

DE SA SAINTETÉ LÉON XIII

EN FAVEUR DE LA CONFRÉRIE

DE LA TRÈS SAINTE VIERGE MARIE ENFANT

BREF DE SA SAINTETÉ LE PAPE LÉON XIII

APPROUVANT LA CONFRÉRIE DE LA TRÈS SAINTE VIERGE MARIE ENFANT, ÉTABLIE A LAVAL

POUR PERPÉTUELLE MÉMOIRE

Ayant appris qu'il existe, canoniquement érigée, comme on l'assure, dans l'église du monastère des Religieuses Sœurs déchaussées de la Bienheureuse Vierge Marie immaculée du Mont-Carmel de la ville de Laval, une dévote et pieuse Confrérie des fidèles des deux sexes, sous le vocable de la Très Sainte Vierge Marie Enfant, dont les associés accomplissent ou se proposent d'accomplir de nombreuses œuvres de piété et de charité; Nous, pour que ladite Confrérie reçoive en Dieu de plus grands développements, confiant en la miséricorde du Dieu tout-puissant et l'autorité de ses bienheureux Apôtres Pierre et Paul, nous accordons l'indulgence plénière à tous les fidèles du Christ des deux sexes qui, à l'avenir, entrerons dans ladite Confrérie, au jour même de leur entrée, si, vraiment contrits et confessés, ils ont reçu le Très Saint Sacrement de l'Eucharistie; en outre, Nous concédons également l'indulgence plénière tant aux confrères qu'aux consœurs déjà inscrits, qu'à ceux qui, dans la suite des

BREF DE SA SAINTETÉ LE PAPE LÉON XIII

APPROUVANT LA CONFRÉRIE DE LA TRÈS SAINTE VIERGE MARIE ENFANT, ÉTABLIE A LAVAL

AD PERPETUAM REI MEMORIAM

Cum sicut accepimus in ecclesia monasterii Religiosarum sororum B. Mariæ Virginis Imm. de Monte Carmelo Excalceatarum civitatis Vallis Vidonis pia quædam ac devota utriusque sexus confraternitas, sub titulo SSmæ Virginis Mariæ infantis canonice, ut asseritur, erecta existat, cujus sodales quamplurima pietatis et charitatis opera exercere consueverint, seu intendant; nos quo hujus modi confraternitas majora in Deo suscipiat incrementa, de omnipotentis Dei misericordia ac BB. Petri et Pauli apostolorum ejus auctoritate confisi, omnibus utriusque sexus Christifidelibus, qui dictam confraternitatem in posterum ingredientur, die primo eorum ingressus, si vere pœnitentes et confessi, SS. Eucharistiæ sacramentum sumpserint, plenariam; ac tam descriptis quam pro tempore describendis in dicta confraternitate confratribus et consororibus in cujuslibet eorum mortis articulo, si vere quoque pœnitentes et confessi ac sacra communione refecti, vel quatenus id facere nequiverint, saltem contriti

temps se feront inscrire dans ladite Confrérie, à chacun à l'article de leur mort, si vraiment pénitents, confessés et nourris de la sainte Communion, ou, s'ils en sont empêchés, au moins contrits de cœur, ils invoquent de bouche, si possible, ou du moins de cœur, le nom de Jésus. De plus, nous accordons miséricordieusement dans le Seigneur l'indulgence plénière à ces mêmes confrères et consœurs existant actuellement ou devant faire partie dans l'avenir de ladite Confrérie, lesquels, vraiment contrits, confessés et nourris de la sainte Communion, visiteront chaque année dévotement l'église, chapelle ou oratoire de ladite Confrérie, au jour de la fête principale de la Confrérie ou choisi une fois pour toutes par les confrères et approuvé par l'Ordinaire, ou à l'un des sept jours qui suivent immédiatement cette fête, au choix de chacun, et en ce lieu adresseront à Dieu de pieuses prières pour la concorde entre les princes chrétiens, l'extirpation des hérésies, la conversion des pécheurs et l'exaltation de la sainte Église, notre Mère. — Enfin, nous accordons sept ans et sept quarantaines d'indulgence à ces mêmes confrères et consœurs qui, au moins contrits de cœur, à quatre jours dans l'année, fériés ou non, ou dimanches, choisis une fois pour toutes par lesdits confrères, et approuvés par l'Ordinaire, visiteront la susdite église, chapelle ou oratoire, et y prieront pieusement, comme il a été dit ci-dessus ; — Nous leur accordons aussi soixante jours d'indul-

nomen Jesu ore, si potuerint, sin minus corde devote invocaverint, etiam plenariam; nec non eisdem nunc et pro tempore existentibus dictæ confraternitatis confratribus et consororibus etiam vere pœnitentibus et confessis, ac S. communione refectis, qui præfatæ confraternitatis Ecclesiam seu capellam vel oratorium die festo principali dictæ confraternitatis per eosdem confratres, semel tantum eligendo et ab ordinario approbando, vel uno quo cuique libeat ex septem diebus continuis immediate subsequentibus, singulis annis, devote visitaverint, et ibi pro christianorum Principum concordia, hæresum extirpatione, peccatorum conversione, ac Sanctæ Matris Ecclesiæ exaltatione, pias ad Deum preces effuderint, plenariam similiter omnium peccatorum suorum indulgentiam et remissionem misericorditer in Domino concedimus. Insuper dictis confratribus et consororibus, saltem corde contritis, Ecclesiam seu capellam vel oratorium hujusmodi in quatuor aliis anni, feriatis vel non feriatis, seu dominicis diebus, per memoratos confratres semel tantum, etiam eligendis et ab eodem ordinario approbandis ut supra visitantibus et ibidem orantibus, quo die prædictorum id egerint, septem annos et totidem quadragenas; quoties vero missis et aliis divinis officiis in Ecclesia seu cappella vel oratorio hujus modi pro tempore celebrandis et recitandis interfuerint, aut quascumque processiones de licentia ordinarii faciendas sanctissimum Eucharistiæ sacramen-

gence, de relaxation de peines, dans la forme accoutumée de l'Église, chaque fois que, dans l'église, chapelle ou oratoire de la Confrérie, ils assisteront aux messes et divins offices qui s'y doivent célébrer ou réciter dans la suite des temps; chaque fois, également, qu'ils auront accompagné le Très Saint Sacrement porté processionnellement avec la permission de l'Ordinaire, soit qu'on le porte aux infirmes, soit pour quelque autre cause, en quelque lieu et temps que ce soit dans l'avenir, ou, quand ils en sont empêchés, s'ils récitent une fois l'oraison dominicale et la salutation angélique au signal donné par la clochette; et même lorsqu'ils réciteront cinq fois ces mêmes prières pour les âmes des confrères ou des consœurs de ladite Confrérie, défunts, ou qu'ils accompliront quelque autre œuvre de piété et de charité, autant de fois qu'ils rempliront cesdites conditions. — Toutes et chacune de ces indulgences, rémissions des péchés et relaxations de peines, nous accordons dans le Seigneur qu'elles soient applicables par mode de suffrage aux âmes des fidèles du Christ qui, unies à Dieu par la charité, ont quitté ce lieu d'exil.

Nonobstant toutes choses contraires, les présentes étant valables à perpétuité.

Nous voulons en outre que, si auxdits confrères ou consœurs quelque autre indulgence semblable avait été accordée pour les mêmes œuvres susmentionnées à accomplir, soit à titre

tum tam in processionibus quam cum ad infirmos aut alias quocumque et quandocumque pro tempore defertur, comitati fuerint, vel si impediti campanæ ad id signo dato, semel orationem dominicam et salutationem angelicam dixerint, aut etiam quinquies orationem et salutationem easdem pro animabus defunctorum confratrum et consororum hujus modi recitaverint, aut quodcumque aliud pietatis vel charitatis opus exercuerint, toties pro quolibet prædictorum operum exercitio, sexaginta dies de injunctis eis, seu aliàs quomodolibet debitis pœnitentiis in forma Ecclesiæ consueta relaxamus. Quas omnes et singulas indulgentias, peccatorum remissiones, ac pœnitentiarum relaxationes etiam animabus Christifidelium quæ, Deo in charitate conjunctæ, ab hac luce migraverint per modum suffragii applicari posse, etiam in Domino indulgemus.

In contrarium facientibus, non obstantibus quibuscumque, Præsentibus perpetuis futuris temporibus valituris.

Nolumus autem ut, si aliasdictis confratribus et consororibus præmissa peragentibus aliqua alia indulgentia similis perpetuo vel ad tempus nondum elapsum duratura concessa fuerit, illa

perpétuel, soit pour un temps non encore écoulé, cette indulgence soit révoquée comme nous la révoquons par ces présentes; en sorte que si ladite Confraternité est déjà agrégée à quelque Archiconfrérie ou s'y agrège à l'avenir, ou s'y unit pour quelque raison que ce soit ou soit constituée de quelque manière que ce soit, les précédentes Lettres apostoliques et autres lettres quelles qu'elles soient ne lui servent d'aucune sorte, mais dès ce moment soient nulles par le fait même.

Donné à Rome, près Saint-Pierre, sous l'anneau du pêcheur, le 2 décembre 1897, de notre Pontificat la vingtième année.

Pour le seigneur cardinal MACCHI :

L ✝ S. Nicolas MARINI subs.

Vu, reconnu et donné pour l'usage des fidèles, le 25 juin 1901, à Tours.

✝ RENÉ-FRANÇOIS, *archev. de Tours.*

Nous rappelons que les Carmélites dont il est fait mention dans ce Bref, à elles adressé, et existant encore à Laval en 1897, sont actuellement transfor-

revocata sit prout per præsentis Apostolica auctoritate revocamus; utque si dicta confraternitas alicui Archiconfraternitati aggregata jam sit vel in posterum aggregetur, aut quavis alia ratione uniatur, vel etiam quomodolibet instituatur, priores et quævis aliæ litteræ apostolicæ illi nullatenus suffragentur, sed ex tunc eo ipso nullæ sint.

Datum Romæ, apud S. Petrum, sub annulo Piscatoris, die II decembris MDCCCICVII, Pontificatûs nostri anno vigesimo.

Pro Domino Card. MACCHI :

L. † S. Nicolas MARINI, subs.

Visum, recognitum et usui datum, die XXV junii 1901. Turonen.

† RENATUS FRANCISCUS, arch. Turonen.

mées en Association, dite des Dames de Sainte-Thérèse, et approuvée par les autorités ecclésiastiques et civiles.

TABLE

PREMIÈRE PARTIE

CHAPITRE PREMIER

CHAPITRE II

CHAPITRE III

CHAPITRE IV

CHAPITRE V

DEUXIÈME PARTIE

34393. — Tours, impr. Mame.

34393. — TOURS, IMPRIMERIE MAME

www.ingramcontent.com/pod-product-compliance
Ingram Content Group UK Ltd.
Pitfield, Milton Keynes, MK11 3LW, UK
UKHW020114200726
13856UKWH00002B/532